Kolofon

©Mathias Jansson (2016)

"Mattenördar, jättespindlar och min farfar – essäer om litteratur, film och musik"

ISBN: 978-91-86915-33-9

Utgiven av:

 "jag behöver inget förlag"
c/o Mathias Jansson
Tvärvägen 23
232 52 Åkarp
http://mathiasjansson72.blogspot.se/

Tryckt: Lulu.com

Omslag: Kollage av stilbilder ur filmerna "London after midnight" (1927) och "Tarantula" (1955).

Essäerna har tidigare varit publicerade i Tidningen Kulturen.

Innehåll

Såsfläckar på duken - frosseri på film och i konst 3
Språkbarriären mot det okända 9
Mattenördens revansch på filmduken 16
Gutår och en halvböj – alkohol i visans värld 21
El greco – greken från Kreta 26
Diogenes – cynikern i krukan 30
Artificiell intelligens skapar framtidens kultur 34
Den goda essäisten 39
Lavalantula och jättespindlarnas återkomst 44
Min farfar var aldrig på Svalbard 48
Dödliga böcker och filmer med förbannelser 56
Humlans flykt i litteraturen 61
Nordkorea och dataspel: Från propaganda till satir 66
Tystnad, en tagning 71
Skrattet vid ensamhetens avgrund 76
Ångaren Bollsta och andra olycksskepps i visans värld 81
Nazister i B-filmskräckträsket 86
Ett ständigt misslyckande 92
Konststaden Graz – bland rymdskepp och ljussvärd 99
Surfare, The Terminator och ett klockspel 105
Dansprocessionen i Echternach 111
The family of man i Clervaux, Luxemburg 115

Såsfläckar på duken - frosseri på film och i konst

"And finally, monsieur, a wafer-thin mint." Efter mycket trugande tar den extremt tjocka och proppmätta Mr. Creosote emot den tunna chokladbiten, men det blir droppen som får bägaren att rinna över. När han sväljer chokladbiten sväller han upp som en ballong och exploderar. Inälvorna och maginnehållet regnar ner över restaurangens övriga gäster.

Den extremt tjocka Mr. Creosote hittar man i en sketch i filmen *Meningen med livet* (1983) av Monty Python. Mr. Creosote personifierar frosseriet, en av de sju dödssynderna. När han kommer inrullande på restaurangen beställer han genast en hink för att spy i innan han sätter igång med ett frossande utan like. Han beställer allt på menyn och ber att få det mixat i en hink. Proppmätt kan han dock inte motstå den lilla chokladbiten så blir hans öde.

Den som letar efter de sju dödssynderna i Bibeln får leta länge för dem finns inte direkt samlade i någon punktlista. När historieprofessorn Dick Harrison i historiebloggen på SvD beskriver historien bakom dödssynderna så påpekar han att de finns uppradade sex saker i Ordspråksboken som Gud särskilt avskyr, men de skiljer sig en hel del från de mer moderna dödssynderna. De var först runt år 590 som påven Gregorius I formulerade de sju dödssynderna som vi känner dem idag: Lust, frosseri, girighet, lättja, vrede, avund och högmod.

Dödssynderna är ett populärt motiv i konsten och kulturen. I filmen *Seven* (1995) letar två detektiver (Brad Pitt och Morgan Freeman) efter en seriemördare som dödar sina offer med hjälp av de sju dödssynderna. Deras första offer är en mycket överviktig man som blivit tvångsmatad med spagetti till hans mage sprack och han dog. Utredarna finner mannen med ansikte begravt i en tallrik spagetti och bakom kylskåpet hittar de ordet "GLUTTONY " (frosseri) skrivit med fett av mördaren.

Några som däremot självmant bestämmer sig för att äta sig till döds är huvudpersonerna i Marco Ferreris film *Brakfesten* (La Grande Bouffe) från 1973. Fyra välbärgade medelålders män, desillusionerade på livet bestämmer sig för att ta sin tillflykt till en villa under helgen och äta ihjäl sig. En lastbil lastad med godsaker som ostron, patéer, hjortstekar och annat gott anländer och förråden fylls på. För att fördriva tiden bjuder männen också in några prostituerade. Förutom dödssynden frosseri hinner de även med att begå lust. En efter en dör de av olika åkommor orsakade av ett ständigt ätande och frossande.

Att äta ihjäl sig under en helg, som de fyra männen i *Brakfesten* ägnar sig åt, är inte det enklaste sättet att ta livet av sig på. Det är betydligt enklare att supa ihjäl sig och dö av alkoholförgiftning än att dö av sprucken magsäck. Det finns en del fysiska hinder från att äta ihjäl sig. Ofta börjar du spy innan magsäcken spricker. Du dör inte heller direkt av sprucken magsäck utan förmodligen av septisk förgiftning när magbakterier kan husera fritt i kroppen. Tarmvred kan förstå vara en variant på dödsorsaken. Däremot bidrar frosseriet till ett långsamt självmord. I den amerikanska realityserien *My 600-lb Life* får vi följa extremt tjocka människor som står i valet mellan att kraftigt gå ner i vikt eller inom kort dö av följdsjukdomar på grund av sin fetma. Frosseriet är inte bara en dödssynd utan också ett stort folkhälsoproblem runt om i världen. Så du kan definitivt äta ihjäl dig men det tar betydligt längre tid än en helg.

Det är inte bara vuxna som varnas för frosseriets faror utan redan som barn får man lära sig att äta måttfullt. Konstnären Ivar Arosenius gjorde 1909 en barnbok som heter *Kattresan* där får vi följa ett barn och en katt på deras äventyr. När kungen bjuder på saft och kakor blir dem glada, men katten äter så mycket att hans mage spricker. En skräddare får komma till undsättning och sy igen kattens mage igen.

När Willy Wonka i filmen *Kalle och chokladfabriken* (2005) släpper in ett antal utvalda barn i sin fabrik finns frossaren Augustus Gloop med i sällskapet. Denna runda tyska pojke kan inte motstå frestelsen att dricka direkt ur Willy Wonkas chokladflod och lyckas förstås ramla ner i den. Innan han drunknar sugs han upp i ett stort plaströr där han fastnar på grund av sin storlek. Hans glupande aptit på sötsaker har satt honom rejält i klistret och får också bli en sedelärande berättelse om frosseriets och glupskhetens faror för alla barn.

Dan Browns roman *Inferno* som filmatiserades 2016 med Tom Hanks i huvudrollen som professor Langdon handlar inte om frosseri utan snarare om högmod, men i filmen finns en intressant, och för filmen viktig teckning av Sandro Botticello gjord runt 1480. Teckningen är en karta över helvetets kretsar såsom Dante beskriver dem i boken *Den gudomliga komedin* från 1300-talets början. Det är inte bara Dan Brown som inspirerats av Dantes helvetesskildringar utan även många konstnärer och författare genom tiderna. Dödssynderna finns så klart representerade i Dantes helvete. Frossarna hittar man i den tredje cirkeln där de övervakas av helveteshunden Kerberos och frossarna tvingas ligga i gyttja medan ett konstant isregn faller över deras kroppar.

Ungefär samtidig med Botticellos karta över helvetet är Hieronymus Bosch bordsmålning med de sju dödssynderna målade i en cirkel i mitten på en fyrkantig bordsskiva. På skivan beskrivs frosseriet, men med samtida mått mätt så känns det ganska magert. Man ser två män runt ett bord där det finns en kyckling, ett revbensspjäll, lite bröd och vin. En kvinna kommer in från vänster med ännu en kyckling på ett fat. Måltiden känns torftigare än en söndagsmiddag. Vad är till exempel såsen och vinbärsgelen? Men för många av tidens människor speglade målningen förmodligen ett överflöd av mat. Bosch har även gjort andra målningar med frosseri och dödssynderna som motiv. Motivet var vanligt och populärt under 1400- och 1500-talet, och kyrkan uppskattade säkert dessa sedelärande motiv.

Pieter Bruegel den äldre har i ett grafiskt tryck från 1557 skildrat frosseriet, fast här rör det sig främst om dryckenskap. Någon liten brödbit kan man hitta på bordet men annars är det främst krus och vintunnor som avbildas. Hela målningen är surrealistisk med människor som dricker tillsammans med konstiga djur och monster, ett huvud som ser ut som en väderkvarn och andra mardrömslika detaljer hittar man också i bilden. Vid en bro står en man och spyr rakt ner i vattnet, som om det vore svensk löningsfredag på stan. Jag förmodar att om man drabbas av delirium tremens, det vill säga hallucinationer efter alltför långvarig användning av alkohol, så skulle man nog uppleva världen som den skildras i Bruegels grafiska blad.

Den tyska konstnären George Emanuel Opiz som målade en del erotiska motiv (kättja eller lust enligt dödssynderna) har också gjort flera motiv med korpulenta herrar som äter och dricker i överflöd. I målningen *Der Völler* från 1804 ser vi en fet adelsherre med peruk, ljusgrön kavaj och kråsskjorta framför ett väldukat bord. Framför honom står en ung tjänare med ett fat med bakelser som herren sträcker sig efter. Scenen är inte helt olik den vi möter i Monty Pythons sketch om den glupska Mr. Creosote på restaurangen. Man undrar om även adelsmannen kommer att explodera när han trycker i sig bakelsen? På hans andra sida står en bister smal herre och tar pulsen. Husdoktorn är nog inte nöjd med hur hans patient mår. Att äta sig fet och frossa var förr i tiden förbehållet överklassen. För vanliga människor var frosseriet bara en paradisisk dröm. Idag har pendeln istället svängt och det är de lågutbildade som drabbas av fetma medan de välutbildade håller sig smala och i form.

Språkbarriären mot det okända

Språkvetaren Louise Banks befinner sig på sitt kontor på universitetet när plötslig överste Weber stormar in och ber om hennes hjälp med att översätta en inspelning. Ljudupptagningen kommer från en av de tolv utomjordiska sfärerna som nyligen landat på jorden. Om rymdvarelser skulle besöka oss så skulle förstås den första frågan vi vill ha svar på vara: *Vad är ert syfte med besöket?* Men hur ska vi kunna ställa den frågan när vi inte kan förstå varandras språk? Det är själva kärnan i filmen *The Arrival* (2016) och det problem som lingvistikern Louise Banks tvingas brottas med.

För att rymdvarelserna skulle ha lärt sig engelska som i 1980-talsserien *V* är kanske inte så troligt. I *V* både talar de "vänliga" besökarna vårt språk och ser ut som människor, även om det sedan visar sig att de är ganska falska för de bär masker och är egentligen ödlor som tänker stjäla allt vårt vatten och äta upp oss. Men de har iallafall bemödat sig med att lära sig engelska innan den utplånar oss och vår planet.

Det finns en del som anser att besökarna redan har varit här och rekognoserat (samtidigt som de passade på att bygga pyramiderna och andra stora strukturer). Under sina tidiga besök har de kanske lärt sig något av våra språk för att kunna kommunicera med oss när de återvänder i framtiden. Resan till jorden tar trots framtida rymdteknik kanske ett par hundra år, eller så har de kanske haft annat att göra och inte haft tid att besöka oss på ett tag. Så senast de var här var latin det dominerande språket. När de återvänder kan de bara prata med påven och några gamla akademiker. Om senaste besöket skedde för tusen år sedan så har de kanske lärt sig ett språk som idag är utdött som hettitiska eller sumeriska. Om de bara svänger förbi vart 50000:e år så träffade dem senast på Neandertalare och lärde sig deras språk, vilket blir en riktig utmaning för oss att förstå.

Ett alternativ, som är ganska vanlig i SF-filmer, och som enkelt överbryggar språkbarriären, är att det finns någon form av översättningsapparat. Typ en avancerad Google-översättartjänst för rymdspråk. Författaren Douglas Adams skriver i sin bokserie *Liftarens guide till galaxen* om en liten fisk som kallas babelfisk som man stoppar in i sitt öra och som översätter alla språk i universum i realtid. I TV-serien *Star Trek* förlitar man sig istället på en liten teknisk apparat som kan översätta mellan olika rymdspråk. Har man den tekniska förmågan att resa genom rymden så kan man tycka att besökarna också kan uppfinna en översättningsmaskin så de kan kommunicera med oss.

Exolingvistik är annars den akademiska inriktning som sysslar med utomjordiska språk. Ämnet är helt teoretiskt eftersom det är svårt att veta om en utomjordisk varelses språk ens skulle kunna definieras som ett språk av oss. I *The Arrival* kommunicera varelserna genom att som bläckfiskar blåsa ut ett moln av bläck som formas till cirklar med olika detaljer och innebörder. Även om de verkar kunna tala så är det genom skriftspråket man kommunicerar med oss människor. Deras skriftspråk består som kinesiskan och hieroglyferna av symboler, till skillnad från alfabetiska språk som bygger upp orden med hjälp av olika ljud (bokstäver). Det blir lite oroligt i världen när man tolkar utomjordingarnas tecken som att de erbjuder oss ett vapen, men språkvetaren Louise Banks invänder att vi inte kan veta om vapen för dem har samma betydelse som ett verktyg för oss.

Svårigheten med ett språk är inte bara att förstå vad som sägs utan också att förstå vad man egentligen menar. Om rymdvarelserna är av den ironiska sorten eller väldigt förtjust i metaforer eller idiom så kan det blir väldigt besvärligt att förstå vad de menar även om vi kan förstå vad de säger. Samma saker gäller det omvända. Vi ska kanske inte säga att vi blev eld och lågor eller tappade huvudet när vi såg rymdvarelserna för första gången. Sådana talesätt kan lätt skapa en konstig stämning i samtalet.

Under 1980-talet började man använda begreppet sädesfältscirklar (crop circle) efter att det mystiskt hade uppstått symboler på engelska vetefält genom att något hade tryckte ner grödorna i olika mönster under natten. Symbolerna var bäst synlig från luften så det spekulerades om det kunde vara utomjordingar som hade gjort dem. Idag vet vi att de rörde sig om bluffar där människor skapade dessa symboler. I filmen The Signs från (2002) dyker dessa sädefältscirklar upp runt om i världen och kort därefter börjar människor skymta besökarna. Vad dessa utomjordiska tecken betyder framgår inte i filmen. Man kan ana att de inte är för att kommunicera med oss människor som de har skapats utan snarare ett sätt för utomjordingarna att markera var man kan landa, var det finns naturtillgångar eller liknande interna meddelande. Att utomjordingar ens skulle vara intresserade av att kommunicera med oss är en förutfattad mening. De kanske ser på oss som lågt stående ohyra som man måste utrota innan man kan komma åt våra naturtillgångar.

Det är precis vad besökarna i *Independence day* (1996) verkar tänka. Stora rymdskepp parkerar sig över världens huvudstäder. Huvudpersonen David Levinson upptäcker en dold signal i vårt eget nätverk av satelliter som han lyckas avkoda. Det visar sig inte vara någon fredsmeddelande från besökarna, utan en enkel nedräkning inför en samordnad attack. Även i *Independence Day* gör man ett försök att kommunicera med utomjordningarna. Man använder en helikopter som flyger fram till rymdskeppet och signalerar med hjälp av ljussignaler. Varför man tror att rymdvarelserna skulle vara mer mottagliga för en morseliknande ljuskod framgår inte, men det visar att språket inte nödvändigtvis behöver vara begränsat till tal eller symboler.

Senare i filmen tar en rymdvarelse kontroll över en människa och fjärrstyr hans stämband och kan på bra engelska meddela att man inte är intresserad av fred utan man är bara ute efter att döda människorna. Trots att man tänker utrota mänskligheten så har man bemödat sig med att ta lektioner i engelska. Det känns ändå betryggande att vi i filmen får svar på den avgörande frågan varför de är här.

I Stevens Spielbergs film *Närkontakt av tredje graden* (1977) utgår man från musik och ljus när man kommunicerar med rymdvarelserna. Det hela utvecklar sig till rena rymdkonserten när de två arterna försöker lära sig att kommunicera med varandra genom att spela olika melodier som den andra upprepar och gör nya variationer på. Att musik skulle kunna användas som ett språk är inte helt omöjligt men förutsätter förstås att rymdvarelser har hörsel vilket inte är självklart. Musiken har ett starkt samband med matematiken genom att de båda handlar om att räkna och det finns en del matematiska samband i förhållanden mellan olika toner. Matematik brukar av vissa lyfta fram som ett universellt språk som alla borde kunna förstå.

När man i filmen *Kontakt* (1997), som bygger på Carl Sagas roman, fångar upp en pulserande radiosignal från stjärnhopen Vega så är det inte konstigt att meddelandet bygger på primtal. När man dechiffrera meddelandet hittar man dels 50 år gamla TV-sändningar som efter 26 ljusår nått Vega och sedan skickas tillbaka till jorden tillsammans med ritningar för att bygga en farkost. I filmen fångas signalerna upp av det stora rymdprogrammet SETI som består av radioteleskop som avlyssnar rymden efter signaler från andra civilisationer. Det man glömmer är att även våra vanliga TV- och radiosändningar lämnar jorden och färdas ut i rymden och efter många år kan avlyssnas av andra civilisationer. Vilket är precis vad som händer i filmen *Kontakt*. När rymdvarelserna tar emot våra sändningar och förstår att det finns liv på jorden skickar de oss information med hjälp av det matematiska språket (som alla verkar kunna förstå i universum) och ger oss kunskap om hur vi ska kunna bygga en maskin för att besöka dem.

Man kan tänka sig att kommunikation med rymdvarelser kan ske på många olika sätt. Vi behöver bara se på hur ickemänskliga varelser på jorden kan kommunicerar med varandra. Insekter tar hjälp av dofter för att kommunicera, ny forskning har visat att växter kan kommunicera med hjälp av ett nätverk av rötter och svampar under jorden som skickar information genom elektrokemiska processer, ormar använder värmesignaler och grodor rörelsevibrationer. Färgskiftningar och elektricitet är andra sätt som används för kommunikation i djur- och växtvärlden.

Frågan är kanske inte på vilket sätt utomjordingarna kommer att kommunicera med oss utan om vi någonsin kommer att kunna förstå dem? Den tyska filosofen Ludwig Wittgenstein hävdar i ett känt citat att även om ett lejon skulle kunna tala, så skulle vi inte kunna förstå det. Det beror helt enkelt på att människan och lejonet pratar utifrån helt olika kontexter och kulturella innebörder. Även om vi förstår orden kan vi inte vara säkra på att de betyder vad vi tror att de betyder.

I filmen *Indiana Jones och Kristalldödskallens rike* (2008) upptäcker Indiana en forntida kultur där en pyramid visar sig vara ett rymdskepp med tretton utomjordingar från en annan dimension som har fastnat på jorden då en av deras skallar saknas. När den försvunna kristallskallen sätts på plats vaknar varelsernas kollektiva medvetande upp och på uråldrigt mayaspråk erbjuder dem människorna en belöning. Den ryska spionen Irina Spalko begär att få veta vad utomjordingarna vet. Den nya kunskapen som förmodligen är utom mänskligt förståelse får henne att upplösas och försvinna in i en portal.

Kunskapsnivån och medvetandenivå mellan människor och utomjordingarna är kanske som mellan en bananfluga och en människa. Vi förväntar oss knappast att en bananfluga ska förstå oss när vi pratar om en filosof som Wittgenstein lika lite som utomjordingarna i Indiana Jones förväntar sig att vi ska förstå dem när de pratar om deras civilisations kunskap. Men har vi tur så kommer vi att klara oss långt med engelska, för det är märkligt hur gångbart engelska är bland utomjordingar trots att det rent statistiskt borde ha varit mandarin de lärt sig under sin resa hit, eftersom flest människor på jorden pratar språket.

Mattenördens revansch på filmduken

Srinivasa Ramanujan, namnet säger dig förmodligen ingenting om du inte nyligen har sett filmen *The Man Who Knew Infinity* (2015). Ramanujan hör nämligen till det senaste tillskottet av matematiska genier som klivit upp på vita duken. Mattesnillen och andra vetenskapsmän har länge fått stå i skymundan för andra genier i filmens värld. Det finns gott om spelfilmer om berömda författare, konstnärer och politiker, men om en vetenskapsman dyker upp i en film så är det ofta frågan om en galen skurk som håller på med suspekta experiment och som har ondsinta planer för att ta över jorden.

De sista åren har något hänt. Den naturvetenskapliga nörden har fått en upprättelse. En förklaring kan vara datorernas intåg i våra liv. Plötsligt inser vi att datanördarna från 80-talet med sina stora glasögon, bleka ansikten och asociala beteende har vuxit upp och blivit miljardärer med samma status som filmstjärnor. Vi har under 2000-talet fått se flera påkostade filmer om It-teknikens genier som Apple-grundaren Steve Jobs (finns flera filmer om honom) eller Facebook-grundaren Mark Zuckerberg som porträtteras i *The Social Network* (2010).

De matematiska genierna verkar ha svepts med i denna filmtrend och därför kan vi nu få ta del av Srinivasa Ramanujan fascinerande liv. Ramanujan (1887–1920) som bodde i Indien med sin fru hade ingen högre akademisk utbildning men lyckades ändå skapa matematisk historia. Han skickade ett brev med exempel på sina matematiska beräkningar till universitet i Cambridge. Brevet väckte så stor nyfikenhet att han blev inbjuden till universitet av Professor G.H. Hardy som senare blev hans mentor. Även om Ramanujan var ett geni så var det inte lätt för honom att smälta in i den stela och konservativa akademiska världen i ett främmande land. Hemlängtan, dålig mat och till råga på allt tuberkulos tog i längden livet av honom. Ramanujan dog, som många stora genier alldeles för ung, han blev bara 32 år gammal. Han efterlämnade en mängd formler och uträkningar i sina anteckningsböcker som har haft stor betydelse för matematiken.

Filmen *A Beautiful Mind* från 2001 kan man se som startskottet för denna trend att göra spelfilmer av kända matematikers liv. Filmen handlar om den amerikanska matematikern John Nash (1928-2015), som fick Nobelpriset i ekonomi 1994. Förutom att vara en av 1900-talets främsta matematiker så led Nash av paranoid schizofren. Filmen kretsar kring hans matematiska framgångar men också hur sjukdomen under flera perioder under hans liv gör honom oförmögen att arbeta. Vid ett tillfälle får han för sig att han värvats som hemliga agent av försvaret med uppgift att förhindra att ryska spioner detonerar en atombomb på amerikansk mark. I tidningar börjar ha hitta hemliga krypterande meddelanden och han uppslukas totalt av alla dessa mönster och meddelanden som han tror sig se. Samtidigt blir han allt mer paranoid och tror att ryssarna är ute efter honom och tänker döda honom.

Det räcker förstås inte bara att man är en genial matematiker för att man ska förevigas på film. Det måste också finnas en konflikt, en spänning eller en kamp i personens liv för att det ska engagera tittaren. Nash kamp med sina inre demoner eller Ramanujan som kämpar sig upp från en enkel bakgrund in i den fina akademiska världen är några exempel.

Alan Turing och Stephen Hawkings liv innehåller också dessa ingredienser som lett till att deras liv filmatiserat de senaste åren. Alan Turings (1912-1954) gärning och betydelse var länge dold. Hans banbrytande arbete på Bletchley Park under andra världskriget, där han tillsammans med Englands främsta forskare skapade de första datorerna som använde för att knäcka tyskarnas krypterade meddelande, var länge en väl bevarad hemlighet. Turing var också homosexuell, i en tid då det var kriminellt och bestraffades med fängelsestraff. För att undvika fängelse tvingades Turing efter kriget genomgå en kemisk kastrering. Turing valde senare att avsluta sitt liv, precis som i en Disneysaga, genom att äta ett äpple som han förgiftat med cyanid. I filmen *The Imitation Game* (2014) får vi följa Turings arbete med att knäcka tyskarnas avancerade koder. Turing lyckades inte bara knäcka koderna och på så sätt förkorta kriget, utan skapar samtidigt grunden för hur en dator arbetar.

En annan briljant matematiker och fysiker som ännu lever är Stephen Hawking (f.1942). Hans liv skildras i filmen *The Theory of Everything* (2014). Hawking var också en Cambridges student. Under sin studietid började han intresse sig för svarta hål som blev hans specialitet och där har han gjort banbrytande forskningsinsatser. Det var också under tiden på Cambridge som han märkte att han började bli ovanligt klumpig. Det visade sig vid en läkarundersökning att han led av ALS, en obotlig sjukdom där musklerna förtvinar och dör och som slutligen leder till döden. Hawking har trotsat sjukdomen och är idag 74 år gammal. Med sin elrullstol och den syntetiska datorrösten har Hawking blivit en symbol för geniala naturvetenskapsmannen. Precis som så många andra filmer om berömda genier får tittaren i *The Theory of Everything* ta del av en blandning av personliga tragedier och nederlag som vägs upp av en envis och genial kamp för att lyckas skapa de mest briljanta och fascinerande verk som människan någonsin har upplevt.

Det som saknas i berättelsen om matematiska genier på filmduken är förstås kvinnorna. För visst finns dem. Redan under antiken hittar vi den grekiska matematikern och filosofen Hypatia som levde på 300-talet. Ada Lovelace som levde på 1800-talet var en pionjär inom datorprogrammering med sina algoritmer som kunde användas av mekaniska räknemaskiner (föregångaren till datorn) och från samma århundrade finns Sophie Kowalevski som arbetade med differentialekvationer. Men många framstående kvinnliga matematiker förblir anonyma i historien. De har arbetat i det dolda på universitet, företag eller åt militären och lagt grunden för många av våra stora framsteg. I början av 2017 blir det i alla fall en liten förbättring på filmfronten när det gäller att lyfta fram kvinnliga matematiker. Då får filmen *Hidden figures* premiär. Filmen handlar om tre afroamerikanska kvinnor som får jobb hos NASA som matematiker för att hjälpa till att beräkna flygbanor i rymdprojektet Mercury som gjorde det möjligt för Apollo 11 att landa på månen 1969. Men det behövs absolut många fler filmer om kvinnliga genier och vetenskapsmän(sic!) för att väga upp den manliga dominansen.

Gutår och en halvböj – alkohol i visans värld

Vi svenskar har en splittrad inställning till alkohol. En inställning som har beskrivits i visans värld från Bellmans tid fram till våra dagar. I den sociala konventionen förväntas vi tacka ja till ett glas på festen eller middagsbjudningen. Om någon tackar nej så blir det plötsligt en underlig stämning. Ska han sitta där alldeles nykter medan vi andra blir berusade? Å andra sidan om någon tittar för djupt i glaset och blir störig och dryg så blir det pinsamt och jobbigt. Nej, lagom är bäst när det gäller alkohol, men att hålla sitt drickande inom måttfullhetens gräns är inte alltid så enkelt. I många fall får vår alkoholkonsumtion oss att pendla mellan den djupaste dödsångest och backanalisk livsglädje om man ska tro de svenska låtskrivarnas texter.

I Bellmans Epistel N:o 23 möter vi Fredman som befinner sig utanför krogen "Kryp in" en sommarnatt år 1768 och förbannar sin fader och moder: "Ach du min Moder! säj hvem dig sände / Just til min faders säng." Anledningen till Fredmans klagosång är att han håller på att vakna upp ur ruset och plågas av bakfylla och ångest. Livet känns helt enkelt fördjävligt där han ligger nykter i rännstenen. Men så öppnar äntligen krogen sina dörrar och Fredman får dagens första sup vilket livar upp själen och det blir nya tongångar i skällan. Fredman ser plötsligt ljusare på livet och han börjar prisa sina föräldrar: "Friskt i flaskan, hej! / Nu är jag modig, / Tapper och frodig, / Och jag fruktar ej. / Ännu en sup ell' par. / Tack min mor och far."

Denna snabba sinnesväxling, mellan ångest och eufori, är ganska typisk för Bellmans texter. Redan i efterföljande epistel N:o 24 "Till kära mor på bruna dörren" känner Fredman hur han åter står vid gravens brädd och ser hur Karon skickar en slup för att hämta honom, men först ska han ha en sista sup för att styrka sig. Alkoholen ingjuter återigen nytt mod i Fredman och han vill genast berätta "om hur en rusig man Paradiset vinna kan".

Att alkohol skulle kunna göra människor lyckliga är något som sticker i mångas ögon. Det är i alla fall vad Nisse Hellström från Wilmer X sjunger i låten "Jag är bara lycklig när jag dricker". Trots att kärleken verkar finnas i personens liv, någon vill gifta sig och skaffa barn med honom, så verkar alkoholen locka mer: "Den sanning som i mångas ögon sticker / jag är bara lycklig när jag dricker". Han är dock medveten om att detta beteende kan vara skadligt i längden: "Ja, en tanke som växer och blir större för var dag / är att jag ska tvingas gå från hus och hem till bar på bar."

Även om alkoholen kan skapa ett lyckorus så skapar den i längden stora problem för missbrukaren och de anhöriga. Ronny Eriksson har i "Spritlåten" radat upp en del saker som kan hända om man dricker för mycket. Personen vaknar upp efter en blöt kväll med bultande huvudvärk och en minneslucka. Utanför huset står en skördetröska på trottoaren och i sängen hittar han ett cykelställ. Det kan visserligen vara en slump eller andra tillfälligheter att de hamnat just där, men han måste ända i slutändan kapitulera och konstaterar att det mesta rår spriten för.

En annan med minnesluckor hittar vi i Lars Demians sång "Alkohol". Här vaknar personen i en trappa. Han vet inte var han är och han mår riktigt dåligt precis som Fredman i epistel N.o 23 där han ligger utanför krogen Kryp In. Han stapplar ut och hittar snart en öppen krog och beställer alkohol för att döva sin smärta och försvinner snart in i dimman igen. Precis som Fredman kvicknar han till av spriten som ger honom nytt mod och kraft "ALKOHOL / det gör mej till en man det ger mej vad jag tål / ALKOHOL / Då slipper jag se klart då fördunklas mina mål". Men säg den glädje som varar för snart vaknar han upp i en ny trappuppgång, bakfull och med ångest, och allt börjar om igen.

Att människor ändå dricker har kanske att göra med det som Ola Aurell sjunger i låten "Alkohol gör andra saker bra": "Är alkohol så dåligt då? Svar: Ja / Men den gör alla andra saker bra / Allt blir lite bättre än vad det var / Alkohol gör andra saker bra". Detta är en ambivalens till spriten som återkommer i många visor och sånger. Alkoholen är visserligen inte bra för dig, men det kan vara värt att supa om man för en stund kan undkomma verkligheten.

En annan vissångare som liksom Lars Demian hade ett stort socialt engagemang och skrev om utsatta personer som nyttjade knark och sprit var Cornelius Vreeswijk. I visan "Halvböj blues" berättar han om en tur till Systembolaget på den tiden då man fick beställa spriten över disk. En halvböj var desamma som en 37:a Explorer som då var en storsäljare på bolaget och därför förvarades nära till hands under disken. Personalen måste göra en halvböj för att ta fram flaskan till kunden. Även i den här bluesen verkat spriten lösa alla problem och skapar en euforisk känsla: "Bekymra dig inte, gosse, kröka allt du orkar / Systemet är fullt med flaskor och landet fullt med torkar / Häll i dig allt du pallar, din levnadsstandard höj"

Personliga Persson är en annan känd sång av Vreeswijk som i socialrealistiska beskrivningar berättar om hur spriten, istället för att ge ett lyckorus, kan ge upphov till hustrumisshandel och familjetragedier. När Personliga Persson åker hem med tunnelbanan har han en 37:a brännvin i fickan av gammal vana och när han kommer hem spöar han sin fru, somnar som ett svin och vaknar som ett vrak. Personliga Persson kan man se som ett modernt skillingtryck som varnar för spritens faror.

I skillingtrycket "Martyren" som återfinns på skivan "Skillingtryck & Mordballader" sjunger Freddie Wadling om en hemsk familjehistoria. En berusad fader dödar sin dotter Anna efter att hört henne sjunga en sång om Jesus som hon lärt sig i söndagsskolan. Alkoholen ställde till stora problem i samhället förr i tiden och det fanns många fäder som liksom lilla Annas pappa kom hem fulla och förstörde familjefriden: "Uppå krogen hennes pappa sökte sin förnöjelse / bland de gudsförgätna fäder, de som hemmen skövlade." Under 1800-talet uppstod därför nykterhetsrörelsen som skulle motarbeta alkoholens negativa inverkningar i samhället.

Visserligen ledde nykterhetsrörelsens insatser till att vi drack mindre och mer kontrollerat under 1900-talet men alkoholen lockade fortfarande och dryckenskapens romantiska skimmer har överlevt in i våra dagar. På till exempel personalfester brukar alkoholen fortfarande flöda. I "Jultomten är faktisk död" av Vreeswijk får vi en inblick i hur det kan gå till på företagets julfest. Direktören uppmanar sina personal att äta och dricka så länge benen bär. Den inhyrda tomten är full redan från början med trots det är barnen glada och alla verkar trivas. Lucian har visserligen druckit för mycket och stöter på direktören men festen slutar trots allt i glädjen när man går ut på stan och blåser i papptrumpeter. Det finns dock en brasklapp. Barnen hoppas nämligen att tomten kommer tillbaka nästa år med fler julklappar, men det visar sig att han dött, förmodligen av alkoholrelaterade sjukdomar.

En lika tung visdiktare som Vreeswijk var den samtida Fred Åkerström som inte heller spottade i glaset. I den korta visan "Spritarnas Tango" varnar han dock sina bröder från dryckenskapen: "Bröder, akta er för spriten! / Fast den smakar fan så bra." Det är väl en slogan om någon som kunde stå som varningstext på spritflaskorna som man köper. Att visor om sprit fortfarande är lika populära som på Bellmans tid är väl Mirant Byrants cover på Lars Forsell visa "Ett sista glas" ett exempel på. Låten handlar om ett uppbrott, att man gärna skulle vilja stanna, men att man inser att det är hög tid at bryta upp och göra någonting annat. Det är ungefär som jag känner med den här essän, så jag avslutar därför med refrängen från Forsells visa:

"Men drick med mig ett sista glas
Godnatt, må glädjen lysa er!"

El greco – greken från Kreta

I skuggan av de välvda gångarna nere vid Heraklions hamn på Kreta stötte jag på ett par skyltar som berättade att den gamla hamnen från den venetianska tiden hade varit inspelningsplats för en film om El Greco. "Greken" föddes 1541 som Domenikos Theotokopoulos i Fodele någon mil utanför Heraklion. I Fodele finns idag ett museum tillägnat den kända konstnären. Jag har sett en del filmer om konstnärer av allehanda skiftande kvalité men någon film av El Greco kände jag inte till så jag utgick från att det var en relativt ny film. Efter att ha konsulterat internet så förstod jag att filmen var från 2007. Så det var en tio år gammal film som man lockade turisterna med.

Filmen visade sig inte heller tillhöra den kategori av filmer om konstnärer som jag föredrar. Filmen *El Greco* tillhör den genre som romantiserar och idealiserar konstnärsrollen och där man lägger fokus på någon kärlekshistoria och en konflikt med överheten, i det här fallet med den spanska inkvisitionen. Personligen fördrar jag filmer som har en mer fördjupning av karaktären och fokuserar mer på den kreativa processen, som till exempel *Pollock* (2000) med Ed Harris i huvudrollen som den amerikanska abstrakta actionmålaren Jackson Pollock.

El Greco som är regisserad av Yannis Smaragdis börjar i alla fall med att El Greco sitter fängslad av den spanska inkvisitionen och riskerar att brännas på bål för kätteri. Kardinal Fernando Niño de Guevara besöker honom i fångenskapen och erbjuder honom frihet mot att El Greco målar hans porträtt. El Greco har redan målat hans porträtt så han tackar nej till erbjudandet vilket leder till att han ställs inför inkvisitionens domstol. Vi får sedan genom olika tillbakablickar följa konstnärens liv från Heraklions hamn till rättegången i Toledo. Hela ramberättelsen är dock ren fiktion, den enda relation som El Greco verkar ha haft med den spanska inkvisitionen var då han biträdde en vän som tolk.

När El Greco växte upp på Kreta i mitten av 1500-talet tillhörde Heraklion sedan 1204 republiken Venedig. Det är anledningen till att man än idag hittar en stark befästning runt staden med ett fort ute på piren och att hamnen benämns som den venetianska. Kring 1560 reser El Greco, som många andra grekiska konstnärer under den här tiden, till Venedig för att skaffa sig en bättre konstnärlig utbildning. Enligt filmen är det i Venedig som Domenikos Theotokopoulos får smeknamnet "Greken" eftersom ingen lyckas komma ihåg eller kan uttala hans namn.

I Venedig blir El Greco elev till den stora mästaren Tizian. Han stannar i Venedig några år innan han flyttar vidare till Rom där han kommer i kontakt med manierismen. Manierismen hade sitt ursprung i en reaktion mot högrenässansens konst där konstnärer som Michelangelo och Raphael förespråkade harmoni, proportioner och skönhet i kompositionen. Manierismen utvecklades istället mot en konststil där det ofta finns en asymmetri i motiven och där människorna ofta poserar i positioner som verkar onaturliga och överdrivna. Man kan ofta hitta kompositioner med bågformer och kurvor som skapar ett intryck av rörelse och dramatik i bilden. Poserna kan ibland också påminna om koreografi i modern dans. Färgvalet var ofta stark och lite udda med inslag av rosa, orange och grönt. El Greco utvecklade med tiden sin egen speciella stil av manerismen som blev hans signum och som är väldigt karaktäristisk och lätt att känna igen.

Efter Rom flyttade El Greco till den spanska staden Toledo där han stannade fram till sin död 1614. Han verkar i motsats till filmens berättelse ha haft en mycket god relation med den spanska kyrkan och fick många stora uppdrag till kyrkliga utsmyckningar. *Begravningen av greve Orgaz* (1586–1588) som finns i Santo Tomé i Toledo är en av hans mest kända målningar. Han gjorde också en känd altarmålningarna till katedralen Toledo under 1577–1579. År 1600 målar han porträttet av kardinalen Fernando Niño de Guevara som det refereras till i inledningen av filmen. Det är ett helkroppsporträtt som visar hur de Guevara sitter på en stol i sin röda dräkt med ett par runda svarta glasögon. de Guevara var vid den här tiden dock inte kardinal utan verkade mellan 1599-1602 som storinkivistor över Spanien innan han avslutade sin karriär som ärkebiskop i Sevilla.

Man brukar säga att porträttet av de Guevara psykologiserar huvudpersonen vilket var något nytt för den här tiden, och att El Greco förmodligen hade lärt tekniken av Tizian och inspirerats av hans porträtt av påven Paul III från Farnese, målat runt 1547. Den spanska konstnären Velázquez kan i sin tur ha inspirerats av El Grecos porträtt när han 1650 målade påven *Innocent X* sittande på en stol i en liknande pose.

Velázquez porträtt inspirerade i sin tur 1900-tals konstnären Francis Bacon till hans version *Study after Velázquez's Portrait of Pope Innocent X* från 1953. I Bacons målning når det psykologiska porträtt nya nivåer då konstnären verkar ha vänt ut och in på påven och skildrat hans inre själslig kamp.

Hur går det då för filmens El Greco? Blir han bränd på bål? Nej så klart inte, han håller istället ett brandtal för konstens förmåga att sprida ljus i mörkret och genom en gudomlig uppenbarelse ändrar kardinal de Guevara uppfattning om El Grecos eventuella kätteri. El Greco släpps därmed fri och möts av en jublande folkmassa. Den romantiserade och stereotypa bilden om den gudomligt inspirerade konstnären blir därmed fullkomlig. Man brukar säga att boken är bättre än filmen, i det här faller gäller det snarare att El Grecos konst är bättre och intressantare än filmen om honom.

Diogenes – cynikern i krukan

Den franska konstnären Jean-Léon Gérôme (1824-1904) gjorde 1860 en målning av den antika filosofen Diogenes. Det är ett verk som fångar många av de anekdoter som finns kring denna märkliga och egensinniga filosof. Diogenes föddes runt 412 f.Kr och anses var en av dem som grundade den filosofiska livsåskådningen cynismen. Ordet cynism härstammar från det grekiska ordet kynos som betyder hund. Hundlik var också ett ord som brukade användas för att beskriva filosofen. Om det sedan användes som ett nedsättande epitet eller som en beskrivning för cynismens livstid är inte riktigt klarlagt. Diogenes var en udda figur. Det berättas att han bodde avskilt i en stor lerkruka vilket man också ser på Gérômes målning. På krukans golv ligger lite halm men annars är det en ganska torftig boning. På målningen är Diogenes avbildad precis som vi tänker oss hur en antik filosof ser ut. En äldre man med lite grånat skägg, atletiskt byggd, men bar överkropp och ett vitt skynke runt midjan.

Runt krukan sitter fyra hundar troget väntandet. Diogenes ansåg att hunden var en naturlig varelse och inte tillgjord och konstlad som människan. Den gjorde sina behov på gatan utan att skämmas, något som även Diogenes enligt vissa berättelser verkar ha gjort. Han ska ha ätit offentligt på marknaden, urinerat på sina motståndare och även onanerat inför människor. Precis som hunden följde han sina instinkter och tog inte hänsyn till rådande konventioner eller moral. För Diogenes symboliserade hunden det äkta och naturliga eftersom den alltid avslöjade sina känslor genom att skälla och inte gjorde sig till.

När vi idag pratar om cynism menar man ofta en pessimistisk person som har en känslokall och kritisk inställning till dagens samhälle. För Diogenes var cynismen istället något positivt och betecknade ett tillstånd av naturlighet och ärlighet. Cynikerna ville tillbaka till ett naturtillstånd som hade gått förlorat genom samhällets alla inskränkningar och regler. Samhället gjorde att vi människor föreställde oss, vi gjorde onaturliga och konstlade saker som i sin tur ledde till att vi blev olyckliga och ofria.

På målningen håller Diogenes upp en tänd lykta som är förknippad med en annan anekdot. Det sägs att Diogenes brukade gå omkring mitt på ljusa dagen med sin tända lykta för att leta efter en klok människa. Det är en handling som vi idag skulle kunna kalla cynisk med ordets moderna innebörd. Diogenes förväntade sig knappast att hitta det han sökte eftersom han då inte skulle behöva ha en tänd lykta mitt på dagen. Att Diogenes inte hade så mycket över för vanligt folk eller för den delen berömda personer är anekdoten om mötet med Alexander den store ett exempel på.

Den flamländska målaren Caspar de Crayer har i tavlan *Alexander och Diogenes* från ca. 1650 avbildat det kända mötet. Diogenes sitter framför sin tunna (tunnan var nu inte uppfunnen under antiken, så en mer korrekt skildring av Diogenes boning är en stor lerkruka som Gérôme målar). de Crayer har även utelämnat hundarna och lyktan i sin målning.

Vi ser istället Alexander den store som ställts sig framför Diogenes och runt omkring Alexander finns några av hans soldater och följe. Alexander den store som haft Aristoteles som lärare var intresserad av filosofi och hade bestämt sig för att besöka den kända filosofen Diogenes. Vid mötet som skedde i Korinth frågade Alexander filosofen om det fanns något han kunde göra för honom. Enligt historien ska Diogenes helt korthugget ha svarat att Alexander kunde flytta sig eftersom han skymde solen. Svaret imponerade så mycket på Alexander och han lär ha sagt att om han inte hade varit Alexander skulle han velat ha varit Diogenes.

Det finns ett antal målningar i konsthistorien med Diogenes som motiv som är ganska samstämmiga i beskrivningen av filosofen. Även i Jules Bastien-Lepages realistisk målning från 1873 ser man filosofen som sitter ensam och naken och funderar bredvid sin tända lykta. I Cornelius de Vos 1600-tals målning befinner sig Diogenes på en marknad med grönsaker och djur och lyser med sin lykta över ett sällskap välbärgade köpmän för att se om han kan hitta en klok människa. På målningen verkar de församlade roade av filosofens tokiga upptåg. Även den engelska konstnären John William Waterhouse har i sin målning från 1905 av Diogenes i sin lerkruka anspelat på det komiska och muntra. Diogenes har placerats i en liggande kruka bredvid en trappa där tre unga vackra och uppklädda damer på promenad roat tita ner på den dystra filosofen som sitter i skuggan med sin lykta.

Skulle Diogenes dyka upp idag med sin lykta så skulle vi nog ta honom för en stackars hemlös som blivit smått tokig och vi skulle förmodligen placerat honom på någon institution enligt lagen om omhändertagande om psykiatrisk tvångsvård. Fast om man ser sig runt om i världen så kan man undra vem som skulle vara mest tokiga idag, Diogenes eller alla vi andra.

Artificiell intelligens skapar framtidens kultur

Artificiell intelligens (AI) beskrivs ofta i Science Fiction i dystopiska ordalag. Det är en HAL i Kubricks *2001 A Space Odysseus*, ett ondskefullt Skynet i Terminator-filmerna eller en Matrix som förslavar hela mänskligheten och använder oss som batterier för att få energi. För när AI:n har nått sin fulla potential ser den människan som ett hot och startar ett krig för att förgöra oss. Science Fiction författaren Isaac Asimov försökte i sina robotnoveller kringgå detta problem genom att införa robotikens tre lagar som säger att en robot inte får skada en människa. I filmen *I, Robot* visar det sig att AI:n snart inser att människan är ett hot mot sig själv och därför skapar den en ny lag som åsidosätter de tre tidiga lagarna. Syftet ät att rädda mänskligheten från sig själv genom att ta bort hennes möjlighet till fri vilja.

Google som tillhör ett av de företag som idag ligger i framkant när det gäller att utveckla olika former av AI har funderat på att bygga in sin egen form av robotikens tre lagar i framtida AI-system. De tänker sig en "kill switch" som ska göra att människan oavsett vad som händer ska kunna ta kontrollen över systemet. För oss som har plöjt ett antal dystopiska SF-filmer vet att det sällan brukar fungera. Utan människorna blir istället tvungna att lura systemet med ett virus eller en välplacerad bomb för att ta tillbaka kontrollen och förhindrar människosläktets undergång. Vi vet också att AI:n i många fall överlever i någon form och inväntar nästa möjlighet att ta över världen.

Utvecklingen inom AI har de senaste åren tagit stora kliv framåt, även om vi är långt från en självständig intelligens som det varnas för i framtida dystopier. Men vad är det som säger att AI:n kommer att vara destruktiv och ondsint? Den kanske helt enkelt kommer att ignorera oss människor och istället helt ägna sig åt de högre konsterna som att måla tavlor eller skriva poesi. Det senaste året har det dykt upp en rad exempel på hur AI kan vara kreativ och skapa konst. Kanske är framtidens litteratur, film och musik skapad av en AI och inte av en människa?

I Philip K. Dick dystopiska Science Fiction-roman ställs frågan: "Do Androids Dream of Electric Sheep?" Idag använder alla stora sociala nätverk som Google, Twitter och Facebook sig av neurala nätverk, som är program uppbyggda för att efterlikna hjärnans strukturer. Dessa program används för att automatisk identifiera foton, översätta språk eller förstå röstkommandon. Drömmer dessa neurala nätverk också? Googles AI projekt *Deep Dream generator* är ett sätt att undersöka hur dessa drömmar skulle kunna se ut. På hemsidan deepdreamgenerator.com kan du ladda upp en bild som sedan ett AI-program analyserar genom att leta efter mönster och figurer som den lärt sig känna igen sedan tidigare. Men istället för att känna igen ansikten skapar den nya bilder på ett associativt sätt. Den uppladdade bilden förvrängs av programmet till drömlika konstiga bilder som ett surrealistiskt konstverk av Salvadore Dali eller som psykedeliska syner hos en drogpåverkad Hunter S. Thompson i filmen *Fear and Loathing in Las Vegas*.

Djupinlärning kan också användas för att träna en AI för att bli en ny Rembrandt. *The Next Rembrandt* är ett projekt där man har försett en AI med 346 tavlor av Rembrandt som programmet har fått analysera i detalj. Utifrån informationen som samlas in skapades en helt ny tavla av Rembrandt. AI:n kom fram till att motivet skulle bestå av en vit man i medelåldern, med skägg och mörka kläder, hatt och krage, som står vänd åt höger. Tavlan skrevs sedan ut med en 3D-skrivare och vid en första blick ser det ut som en tavla av Rembrandt. Konstverket skulle förmodligen inte klara en detaljstudie av en expert, än så länge ska kanske tilläggas. Liknande program skulle sedan kunna användas för att härma eller efterlikna alla stora konstnärernas stilar och utifrån ett vanligt foto förvandla det till en målning av Munch, Picasso eller Turner. En nytagen selfie skulle kunna skrivas ut med en 3D-skrivare som om det hade varit ett porträtt målad av van Gogh eller Rembrandt.

Förmågan att analysera stora mängder data, hitta likheter och dra slutsatser kan också användas för att finna nya samband och förstå konsthistorien på ett nytt sätt. Dataexperten Babak Saleh och hans team tränade en AI genom att mata den med 80000 konstverk från Wikiart.org. Programmet lärde sig snart att känna igen olika stilar och konstnärer i konsthistorien. Sedan lät man programmet gör en analys av 1700 konstverk av 66 olika konstnärer från 1500-talet till idag och för att se vilka som hade påverkat och inspirerat varandra. Resultatet presenterades sedan i en artikel med titeln "Toward Automated Discovery Of Artistic Influence". Det visade sig bland annat att Vincent van Goghs *Old Vineyard With Peasant Woman* (1890) och Joan Miro's *The Farm* (1922) hade stora likheter i bland annat komposition. Fördelen med den här formen av AI är att den kan på kort tid gå igenom en stor mängd data och hitta nya mönster och samband som människan tidigare inte uppfattat eller missat. Det är kanske inte första hand inom konsthistorien som man kommer att använda den här typen av AI utan till exempel inom medicin för att hitta nya botemedel eller inom kommunikation för att hitta snabbare transportvägar.

Vad händer då om man låter en AI se hundratals SF-filmer och sedan göra sitt eget manus? Jo man får filmen *Sunspring* som är en kort, men märklig film som finns upplagd på Youtube. Regissören Oscar Sharp fick 48 timmar på sig att omvandla manuset till en film. Filmen handlar om tre personer, två män och en kvinna, som för en osammanhängande dialog i ett kontorslandskap. Jag har sett stora Hollywood filmer som har varit mindre intressanta så med tanke på att det är AI:ns första försök som manusförfattare så får man anse att resultatet är ovanligt bra.

När det gäller en AI:s förmåga att skapa musik är dock inte lyssnarna lika fascinerade av resultatet. Även här är det Google som skapat en AI som släppt sin första singel med titeln *Magenta*. Det rör sig om en halv minut med en ganska enformig slinga men även här får man ha lite tålamod. Det är ett projekt under utveckling och vem vet vilken musik som programmet kommer att producera inom några år när algoritmen förfinats och den fått lära sig mer om musik. Den artificiella intelligensen är ännu i sin linda men just nu pågår stora framsteg. Att vi inom 20-30 år har kreativa artificiella intelligenser som hjälper oss att skapa konst och underhållning är inte omöjligt. Det första man tänker på är att en AI skulle kunna fortsätta med att skapa liknande verk av redan etablerade koncept. Det är inte omöjligt att en AI skulle kunna skriva Harlequin-romaner när den lärt sig mallen eller nästa episod av *Big Bang Theory* eller ännu en poplåt till ett känt pojkband. Att skapa nya unika konstverk, som går utanför mallen och som ingen någonsin gjort hittills ligger nog längre fram i tiden.

Den goda essäisten

Vad kännetecknar en god essäist? Frågan är kanske lika svår att besvara som vad kännetecknar god konst? Det hamnar till slut i en subjektiv värdering utifrån vilka intresseområden, vilken bakgrund och estetiska preferenser man har som läsare och hur väl skribenten lyckas fånga upp kriterierna. Själva ordet essä kommer från franskans *essai* och betyder försök och myntades av den franska renässansförfattaren Michel de Montaigne i slutet av 1500-talet. En essä brukar beskrivas som en kort avhandling över ett vetenskapligt ämne framställt på ett populärt sätt. Montaignes egna essäer var ofta personliga och ofta korta och koncista till formatet.

Försök, ja, så kallar Montaigne sina uppsatser och frågan som uppkommer är hur ska man bedöma något som är ett försök? Essän är ingen vetenskaplig avhandling, den behöver inte leda läsaren från A till B, utan kan mycket väl hamna på X eller helt enkelt komma tillbaka till A. Essän ger skribenten möjlighet att prova sina vingar i ett ämne som han inte är expert i. Han kan låta sig ledas av texten, utgå från egna personliga erfarenheter och tankar och under skrivandets gång upptäcka nya tankevägar och infallsvinklar. Men det finns såklart en gradskillnad i olika försök. Om Usain Bolt springer ett försöksheat är det inte samma sak som en glad motionär gör ett försök på 100 meter. Samma sak gäller även inom essäkonsten. Det är en konst att kunna balansera på essäistikens lina mellan det personliga och det generella, mellan det underhållande och det tankeväckande.

Rent generellt kan man säga att essäisten är en god stilist, hans språk är lättillgängligt och har en personlig prägling. En essäist är lärd, men inte bara en expert på sitt ämnesområde utan också allmänbildad. Essäisten har sina fingrar i många av kunskapens syltburkar. Personligen har jag en förkärlek för essäister som liksom Leonardo da Vinci påminner om en modern renässansmänniskan som rör sig lika hemtamt inom spjutspetsforskningen som inom konst och gamla legender från medeltiden, som blandar kvantfysik med referenser till grekisk mytologi, den senaste biotekniken med sin mormors hemliga kakrecept. En god essäist bjuder enligt min mening på anekdoter, personliga minnen och reflektioner samtidigt som han tar med sig läsaren på en svindlande resa ner i kunskapens djupa brunn utan att släppa hennes hand.

Peter Nilson och Ulf Ellervik hör till mina två personliga favoriter. Båda kommer från den naturvetenskapliga delen av forskningsvärlden. Peter Nilson (1937-1998) var docent i astronomi och hans essäsamlingar från 1990-talet gjorde tidigt ett bestående intryck på mig. *Stjärnvägar* (1991), *Rymdljus* (1992) och *Solvindar* (1993) är några av hans läsvärda essäsamlingar. I *Stjärnvägar* börjar Nilson en essä med att han står på stranden på Sicilien och skådar ut över medelhavet och tänker att det var här Odysseus irrade omkring under sin hemfärd för att i nästa mening ta med sig läsaren på en svindlande tidsresa när barriären mot Atlanten för nästan 5 miljoner brast och en stormflod störtade ner i avgrunden och bildade dagens Medelhav. I en annan essä befinner sig Nilson i Småland för att slå sina fäders slåtterängar och tänker på den resa som solljuset, som reflekteras i lien, har genomfört. Från solens plasmakärna tar det miljontals år för fotonerna att tränga sig upp till ytan innan de slungas ut i rymden och efter ytterligare åtta minuter blänker fotonerna till i lien i Småland. Solen som varje sekund förbränner fyra miljoner ton solmateria men som ändå kommer att brinna lång efter att människan dött ut på jorden. Det är sådana frågor som Nilson filosoferar kring. Alltid med samma ödmjukhet och stora bredd i sina kunskaper. Som en stor essäist hittar han livets stora frågor i det vardagliga och han knyter samtidigt ihop historiens legender och berättelser med framtidens banbrytande forskningsupptäckter.

Ulf Ellervik (f.1968) är professor i organisk kemi och under de senaste åren har han publicerat tre läsvärda essäsamlingar *Ond kemi: berättelser om människor, mord och molekyler* (2011), *Njutning: berättelser om kärlek, känslor och kemi* (2013) och *Den svåra konsten att leva: berättelser om evolution, elände och evigt liv* (2015). I boken om njutning får vi möta ett smörsgårdsbord av mat, drycker, lukter, smaker och kemiska föreningar. Allt som är värt att leva för verkar handla om kemi. Från sackaros, den kemiska beteckningen för socker, våra hormoner som skapar känslan av förälskelse och eufori till diacetyl en molekyl som man kan känna i viner gjorda på chardonnay som har en typisk smörig ton. Konsten har också en stor roll i Ellerviks böcker och de är rikt illustrerade med konsthistoriska bilderna som *Hopp* (1903) av Gustav Klimt eller *Allergi över smak* (1615) av Jusepa de

Ribera för att bara nämna två exempel. För även konsten är i grunden kemisk förklarar Ellervik för oss.

Enligt legenden var det den antika hjälten Herkules hund som när han tuggade på snäckor på stranden blev alldeles lila i munnen. Händelsen har skildrats av Peter Paul Rubens i målningen *Herkules upptäcker purpurns hemlighet* (1636). Det är ett enzym i snäckan som ombildas till det purpurfärgade ämnet dibromoindigo. Purpur var dock en mycket dyr färg, tio gånger dyrare än guld, så det fanns många som ville försöka skapa samma färg fast billigare. Det skulle dröja till mitten av 1800-talet då en ung lovande kemist vid namn William Henry Perkin, som först hade funderat på att bli konstnär, misslyckades med att skapa en medicin mot malaria och istället stod med en svart klump i sin glaskolv. Klumpen färgade av sig och Perkin var inte sen att inse att färgen kunde användas för att ersätta den dyra purpurn. Ämnet fick namnet anilinfärg eller malva och snart skulle alla modemedvetna bära malvafärgade kläder. Färgen är som sagt grunden för konsten och utvecklingen från naturliga färgämnen till syntetiska färger har på många sätt påverkat hur konstnärerna har skildrat verkligheten och hur man har målat. Färgerna, konsten och den kemiska vetenskapens framsteg går på så sätt hand i hand genom historien. Det är kanske därför Ellervik låter konstverken i sina böcker har samma tyngd som de kemiska molekylerna i hans böcker?

Att essäisterna Peter Nilson och Ulf Ellervik ligger mig varm om hjärtat beror dels på att de är goda essäister, men också helt enkelt därför att de skriver om ämnen som jag är intresserad av, som naturvetenskap, konst och kultur. Förmodligen har du dina egna goda essäister, annars finns det gott om dem där ute i bokhyllorna, väntande på att upptäckas och läsas av dig min gode läsare.

Lavalantula och jättespindlarnas återkomst

Jättestora spindlar var en skrämmande ingrediens i 1950-talets skräckfilmer. I *Tarantula* (1955) experimenterar man med radioaktiva isotoper som ska skapa jättedjur som ska lösa livsmedelförsörjningen i framtiden. Försöken visar sig vara mindre lyckade med en tarantella svarar bra på behandlingen och växer till skrämmande mått och lyckas naturligtvis rymma och sprida panik bland befolkningen. I filmen *Killers from Space* (1954) blandar man friskt rymdvarelser med kärnvapenprov. Det visar sig att en utomjordisk civilisation tänker utplåna människorna genom att använda strålningen från våra egna atombomstester för att mutera spindlar och andra insekter så de blir jättestora och farliga.

Filmen *Them!* från 1954 räknas som den första skräckfilmen från 1950-talet inom genren muterade radioaktiva jätteinsekter. I det här fallet handlar det om myror som lever i New Mexikos öken och som förmodligen blivit stora på grund av radioaktivitet. Filmerna spelades in under kalla kriget, i skuggan av andra världskriget där mänskligheten fick uppleva den fruktansvärda kraften av atombomben i de japanska städerna i Hiroshima och Nagasaki. Det var en tid då världen kapprustade och provsprängde atombomber till höger och vänster. Det fanns en arsenal av atombomber hos världens supermakter som skulle kunna spränga jorden flera gånger om. Radioaktivt och atombomber var det man var fruktade mest vilket speglade sig i tidens skräckfilmer där strålningen bland annat skapade muterade jättespindlar.

I filmen *Lavalantula* (2015) är det fortfarande jättespindlar som står i fokus men istället för radioaktivitet är det naturkatastrofer som skapar monstren. Man kan också se att själva spelplatsen i filmen har förflyttas från periferin till centrum. I 1950-talets skräckfilmer uppstår ofta de muterade spindlarna i ödsliga ökenområden, som Nevada och New Mexiko, nära platser där man testsprängde atombomber och det är främst småstäder som drabbas av de muterade monstren. I dag är det istället de stora städerna som drabbas.

I *Lavalantula* (2015) drabbas Los Angeles både av jordbävningar och vulkanutbrott som gör att jättestora lavasprutande tarantlar kryper fram ur underjorden. Vi har under det sista decenniet sett vilka katastrofer som naturen kan ställa till med som jordbävningen på Haiti, i Japan och den stora tsunamin i Thailand. I USA går man och väntar på det stora skalvet som enligt forskarna kan inträffa när som helst (eller om hundra år) i San Andreasförkastningen där bland annat Los Angeles ligger.

En annan skillnad mellan 1950-talets spindelskräckfilmer och *Lavalantula* är att filmerna på 1950-talet tog sig själva på stort allvar. Även om de med dagens ögon på många sätt blir komiska med de dåliga specialeffekterna så framförde man ett viktigt budskap om hotet från kärnvapen. *Lavalantula* hör istället till den kategori av filmer som är gjorda med glimten med ögat. Det är en klassisk B-film med taskiga specialeffekter och avdankade skådisar men som ändå klarar sig ganska bra genom sin humoristiska ton och med sina referenser och lek med genrens klichéer.

Sharknado (2013) är också en skräckkomedi där en naturkatastrof i form av en tornado i havet utanför Los Angeles suger upp ett stim dödliga hajar och dumpar dem över Los Angelesborna. Ian Zering (som spelade i serien Beverly Hills på 1990-talet) fick i filmen ett nytt genombrott som B-skådis och han dyker även upp i en kort scen i filmen *Lavalantula* och skapar en intern referens genom att säga att han gärna skulle hjälpa till med att slåss mot spindlarna men för tillfället har han egna hajproblem att ta hand om. Den här typen av skämt eller andra referenser är ganska typiska för vår tids B-skräckisar som har en hängiven publik som uppskattar de interna skämten och metafilm anspelningarna.

I *Lavalantula* är till exempel huvudpersonen Colton West (spelad av Steve Guttenberg) en avdankad B-actionskådespelare som nu får möjlighet att inte bara vara hjälte på filmduken utan även i verkligheten och på så sätt återupprätta sitt dalande rykte. Guttenberg vars karriär stod i topp under 1980-talet med *Polisskolan-filmerna* och *Tre män och en baby* har sett sin stjärna dala på Hollywoods stjärnhimmel de senaste decennier, så rollen passar på så sätt honom väl. I filmen dyker det också upp tre andra skådespelare från *Polisskolan-filmerna* bland annat Michael Winslow som i filmerna imponerade med sina många ljudeffekter, vilket han också gör i den här filmen. Det finns i *Lavalantula flera* anspelningar på andra filmer som gör att det delvis blir en metafilm. Bara det att den utspelar sig i Hollywood med filmteam, fans och look-alike skådisar gör att det blir en film om en film på flera plan.

Det finns många spindelfilmer där spindlarna blir stora och farliga på grund av olika orsaker som: radioaktivitet, dumpat giftavfall, genetiska experiment av militären, utomjordisk påverkan eller naturkatastrofer. Som alla andra skräckfilmer är filmerna ett tidsdokument över vad vi just då var mest rädd för. För det är egentligen inte spindlarna vi är rädda för utan det som förändrar dem.

Min farfar var aldrig på Svalbard

När jag ser den svenska sångerskan Tove Styrke som går omkring i de övergivna skolsalarna, de ödsliga korridorerna och den tömda simbassängen i musikvideon till låten *Borderline* så kommer jag att tänka på ett legitimationskort som jag har i en kartong på vinden och som har tillhört min farfar. Styrkes musikvideon spelades in på Svalbard, närmare bestämt vid den ryska gruvbyn Pyramiden som fått namn efter det pyramidliknande berget i bakgrunden. Orten grundades av Sverige på 1910-talet men såldes i slutet av 1920-talet till Sovjetunionen som bedrev gruvdrift här fram till 1990-talet. Som mest bodde runt 1200 personer i staden men den är nu helt övergiven och har istället blivit en turistattraktion och en exotisk inspelningsplats för till exempel en musikvideo.

Min farfar var aldrig på Svalbard men 1949 deltog han i en av Dr. Lauge Kochs expeditioner som gick till östra Grönland. På id-kortet ser man ett svartvitt foto av min farfar som häftats fast vid en kreditkortstor papplapp inlagd i en plastficka. Han är i fyrtioårsåldern och klädd i kostym och slips som brukligt var vid den tiden när man ska finfotograferas. Under namn och adress står en rad som meddelar att han deltar i Dr. Lauge Kochs Östgrönlands-expedition 1949. På baksidan av id-kortet står numret 48. Dr. Lauge Kochs var vid den här tiden en berömd dansk geolog och polarforskare som redan hade arrangerat flera expeditioner till östra Grönland och kartlagt stora områden. Det skulle bli 24 expeditioner till Grönland under Kochs livstid. Kochs tillhörde en av pionjärerna när det gällde att utforska Grönland och han var också tidigt ute med att använda flygplan för att utforska polartrakterna. En av piloterna under expedition 1949 var Åke Liljeberg som i sin självbiografi *Över alla gränser* berättar om Grönlandsexpeditionen sommaren 1949.

Den var den andra juli som skeppet "Gustav Holm" kastade loss från Köpenhamn och inledde sin resa mot Grönland. "Gustav Holm", som fått namn efter den danska grönlandsforskaren och sjöofficeren, var en tremastad skonare med ångmaskin som hade byggts i början av 1900-talet. Skeppet var alltså till åren kommen men en van besökare i polartrakterna och hade använts av Koch under flera av hans expeditioner. Året därpå skulle fartyget göra sin sista resa till Grönland.

Jag hoppas förstå att Liljeberg ska nämna min farfar i sin skildring av resan, men han uppehåller sig främst vid de personer som står expeditionsledaren Koch närmast och som får sitta med vid kaptenens middagsbord under resan. Jag får i alla fall en förklaring till den lilla fickparlör med engelska-isländska ord som jag också ärvt efter min farfar. Akureyri, då Islands andra största stad, var utgångspunkt för expeditionen och här befann sig redan expeditionsledaren Lauge Koch och en del andra personer. Från Akureyri fortsätter man efter några dagars proviantering vidare mot slutmålet Mestersvig på östra Grönland. När man ankommer till Mestersvig anländer efter några dagar ett norskt fångstfartyg med några svenska bergsprängare och diamantborrare. Liljeberg får syn på en av dem på stranden när han står och betraktar de höga kustbergen. Liljeberg hälsar på svensken som svarar:

- Ja, dom har ena riktiga backar här, anmärkte han. Så snöt han sig och böjde sig ned efter sin verktygsväska. Inga fler kommentarer. Det var dags att sätta igång jobbet.

Jag vill gärna tro att det var min farfar som svarade Åke Liljeberg så lakoniskt innan han fortsatte med sitt arbete. Min farfar var förmodligen en av de svenska bergsprängarna som Koch hade anlitat och som skulle hjälpa geologerna med expeditionens verkliga syfte att undersöka och utvärdera de blyfyndigheterna som man hittat under tidigare expeditioner.

Att utforska polartrakterna har i grund och botten handlat om att hinna först och göra anspråk på landområden som eventuellt kan innehålla rika naturtillgångar. Den övergivna gruvbyn Pyramiden är ett exempel på resultatet av denna exploatering. Den finska fotografen Ville Lenkkeri gjorde 2009 en fotobok om gruvstaden Pyramiden med titeln *The Place of No Roads*. I den övergivna staden tyckte han se fröet till ett utopiskt samhälle. De ryska kolgruvearbetarna kontrakterades för två år och hade ofta sina familjer med sig under vistelsen. Städerna blev med tiden riktiga samhällen med skolor, kulturhus, hotell och mycket annat. I denna extrema miljö, avskuren från civilisationen, blev innevånarna tvungna att lita på varandra och samarbeta. Man levde i ett samhälle som genomsyrades av respekt och samförstånd. Pengar saknades och istället växte en kultur grundad på byteshandel upp. Området var under stora delar av året avskärmat från omvärlden och ser man på Lenkkeris fotografier känns det som om ruinerna har frusit fast i tiden någon gång på 70-talet. Fotografierna avspeglar en ödslighet och övergivenhet. Det är nästan en spöklik stämning som vilar över dessa öde platser. Men någon utopisk känsla upplever jag inte, snarare en form av nostalgi.

Polartrakterna har ett ogästvänligt klimat, det är kallt, kargt, mörkt och isolerat under stora delar av året. Även om det var primitivt och hårt, så hade min farfar det relativt enklare eftersom expeditionen skedde på sommaren, i ett stort sällskap, det var nästan 80 personer som deltog och han var enligt id-kortet nummer 48. Det var betydligt värre för dem som blev tvungna att stanna kvar över vintern. Piloten Liljeberg berättar att han fick i uppdrag att flyga till Danmarkshavn som då var världens nordligaste radiostation. Där skulle Liljeberg hämta en av stationsfolket som drabbats av djup depression på grund av det isolerade och påfrestande klimatet och som nu skulle få åka hem till Köpenhamn. Polartrakterna visade sig även tära på några av expeditionens medlemmar. Skeppsläkaren som befann sig ombord på Gustav Holm, och som hade en väldigt lugn resa utan mycket att göra, började en dag att bete sig underligt berättar Liljeberg. Doktorn som i vanliga fall knappt rörde en droppe sprit började uppträde berusad mitt på dagen. Besättningen fick plocka bort all sprit under måltiderna och hålla den gode doktorn under uppsikt tills skeppet återvände hem.

Jag kan inte låta bli att tänka på de tidiga polarforskarna när de i slutet av 1800-talet pressade gränsen för människans förmåga för att ta sig till polerna. Vilka påfrestningar och utmaningar de måste ha fått utså under sina resor. En av alla dessa polarexpeditioner, som visade sig bli en katastrof har den svenska författaren och läkaren Bea Uusma skrivit om i boken Expeditionen: min kärlekshistoria. Det var i juli 1897 som ingenjör Andrée tillsammans med sina två vänner Knut Fraenkel och Nils Strindberg lyfte med vätgasballongen Örnen i ett försök att flyga över Nordpolen. De tre männen var inga vana polarforskare och saknade egentligen den erfarenhet som krävdes för en sådan här riskabel expedition. Och så gick det som det gick, efter två dagar tvingades Örnen nödlanda på packisen och de tre besättningsmännen måste under omänskligt förhållanden försöka överleva i den bistra polartrakten.

Det var länge ett mysterium vad som hade hänt med deltagarna. Det skulle dröja trettio år innan deras kvarlevor återfanns på Vitön utanför Svalbard. Talesättet säger att folk färdas i cirklar, men när jag ser på kartan hur expeditionen färdades så liknar det mer en pyramid. Ballongfärden startade från Danskön som ligger på Svalbards nordvästra hörn och ballongen flög sedan i två dagar i nordöstlig riktning innan den nödlandade. De tre männen färdades sedan till fots i två månader med sina hundra kilo tunga slädar i sydöstlig riktning. Sista biten innan expeditionen nådde Vitön tillbringade de tre männen på ett drivande isflak. På Vitön lastades förråden av och man beslöt sig för att slå läger och övervintra. Andrée skriver i sin dagbok vid ankomsten till Vitön "Ingen har förlorat modet. Med sådana kamrater bör man kunna reda sig under snart sagdt hvilka omständigheter som helst." Drar man ett horisontalt streck från Vitön västerut så kommer man tillbaka till Danskön och hela färdplanen får en pyramidform. På karta ser det ut som om räddningen skulle kunna finnas inom räckhåll om de överlevt vintern.

Frågan som gäckat forskare och Bea Uusma är varför deltagarna dog? Av de anteckningar, fotografier och material man hittade 1930 så verkar det som om expeditionen hade gott om mat och verkade i förhållandevis god form men ändå dog alla tre kort efter landstigningen på Vitön.

Uusma har drivits av en passion för att ta reda på vad som hände de tre deltagarna. Hon har grävt i arkiv, besökt Vitön, talat med forskare och rättsläkare för att hitta ett svar på frågan. Varför dog dem? Jag kan bara beundra hennes engagemang och kunskap och funderar över vad jag själv skulle få reda på om min farfar och hans deltagande i expeditionen till Grönland om jag ägnade lika mycket tid och engagemang åt frågan. Vad skulle jag finna om jag dök ner i arkiven, besökte Mestersvig på Grönland och pratade med experter på området? Förmodligen inte så mycket. Det var ingen speciell expedition, utan en i mängden, min farfar var ingen äventyrare, utan en vanlig arbetare, precis som de anonyma arbetarna som bodde i gruvstaden Pyramiden på Svalbard.

Exploateringen av polartrakterna pågår fortfarande och har de senaste åren fått ny fart på grund klimatförändringarna som gjort det enklare att ta sig fram i området när isarna smälter. Många nationer vill också vara med och exploatera de känsliga naturområdena. Jakten fortsätter efter nya landvinningar och nya rika olje- och mineralfyndigheter. Även om det fortfarande är ett farligt och påfrestande klimat så har dagens arbetare och utforskare det betydligt bättre förspänt än pionjärerna inom området.

Vill du idag uppleva samma utmaning som 1800-talets polarforskare så får du vända blicken mot rymden. Det finns många visioner och idéer om hur vi ska erövra rymden och börja bärga ovärderliga mineraler och energikällor från planeter och kometer. I Science Fiction genren har det förstås redan hänt och jag tänker på filmen *The Martian* (2015) med Matt Diamond i huvudrollen som astronauten Mark Watney. Under en expedition blir Watney kvarlämnad på Mars i tron att han dött i en olycka. Utelämnad och ensam blir han tvungen att överleva precis som deltagarna i Andrées expedition. Som bas har Watney en forskningsstation men tillgången på mat och vatten är begränsad. Mot all förmodan lyckas han odla potatis på Mars, framställa vatten och hitta en gammal sond som han kan laga för att skicka en nödsignal till jorden och meddela att han lever. Mark Watney har turen att överleva och bli räddad. Medlemmarna i Andrées expedition inte hade samma tur.

Människan har alltid flyttat gränsen för sin förmåga. Efter att ha besegrat det djupaste havsdjupet, det högsta berget och de otillgängligaste områdena har vi nu börjat med vår nästa stora utmaning, rymden. Den första människan satte sin fot på månen redan 1969, vi har byggt en rymdstation i omloppsbana runt jorden och vi planerar att skicka människor till Mars inom några år. Mina barnbarns barnbarn kommer kanske en dag att hitta ett id-kort där deras farfar har varit med på en expedition till Mars för att utforska nya gruvtillgångar och de kommer att undra hur han kom med på den expeditionen och vad han gjorde där.

Det kommer alltid att finnas några som tar täten och banar vägen till nya upptäcker och som i historien lyfts fram som hjältar och pionjärer som Roald Amundsen, Sir Edmund Hillary och Neil Armstrong. De som kommer först bli våra hjältar medan de som kommer tvåa eller trea knappt omnämns i historieböckerna. För inte tala om alla de anonyma arbetare som kommer efter och bygger den infrastruktur som gör det möjligt att utnyttja upptäckterna och använda dem för hela mänsklighetens framtida utveckling.

Dödliga böcker och filmer med förbannelser

Den sista kopian av stumfilmen London After Midnight (1927) brann upp 1967 men i TV-serien Whitechapel dyker den upp igen. Serien som gick i fyra säsonger mellan 2009 och 2013 handlar om ett polisdistrikt i Jack the Rippers gamla hemkvarter Whitechapel i London. Vi får i serien följa en udda skara utredare som löser mystiska fall som har en historisk anknytning till liknande mord i området. I säsong tre, i det sista avsnittet, möter vi en psykopat som rymt från en vårdanstalt. Psykopaten är besatt av den amerikanska stumfilmsskådespelaren Lon Chaney som spelade i storroller som Ringaren i Notre Dame (1923), Fantomen på operan (1925) och så klart i London After Midnight. Det är den sistnämnda filmen som har drivit psykopaten i serien till vansinne och gjort så att han begått morden. När han fångas in av polisen sitter han och tittar på den försvunna filmen och ber sedan polisen att ta väl hand om den sista kopian.

Avsnittet i TV-serien har hämtat inspiration från en mordrättegång i London som ägde rum 1928. En man som var anklagad för att dödat en kvinna i Hyde Park hävdade att han hade blivit galen efter att han hade sett filmen London After Midnight. När han promenerade i parken hade han sett Chaneys karaktär bakom några buskar som hade hetsat honom att utföra dådet.

Försvunna kulturskatter har en tendens att få människor att dra på sig foliehatten och börja fundera på om det inte ligger någon konspiratorisk teori bakom försvinnandet. Det blir plötsligt rena rama Indiana Jones filmen eller Dan Brown romanen. Det skapas mytbildningar och att en och annan avskräckande förbannelse dyker upp kring de försvunna kulturobjekten är inte heller ovanligt. Om något så viktigt har försvunnit måste det innehålla något farligt som kan vara förenat med livsfara om man skulle upptäcka det igen.

Den japanska skräckfilmen *Ringu* (1998) handlar hur farligt en försvunnen videofilm kan vara. I centrum för handlingen finns ett videoband och alla som har tittar på videofilmen dör inom sju dagar. En reporter beslutar sig för att undersöka myten om det dödliga videobandet och gör misstaget att se filmen. Strax därefter ringer telefonen och en röst säger "Sju dagar". Reportern lyckas dock överleva förbannelsen genom att kopiera bandet och låta någon annan se det. Det är som om regissören Hideo Nakata vill säg att genom att kopiera filmen, det vill säga vår kultur, så kommer både filmen och vi att överleva i längden, men om vi inte sprider kulturen vidare kommer vi att dö med den. Eller så är det en humanistisk övertolkning från min sida och egentligen handlar det bara om att skräckfilmer kräver sina offer och att någon överlever bara är en garanti för att vi snart få se en uppföljare. *Ringu* har såklart fått både uppföljare och det har även gjorts en amerikansk version av filmen.

När det gäller förlorade stumfilmer så är *London After Midnight* rent krasst inget undantag, utan snarare regeln. Library of Congress i USA menar att runt 75% av alla amerikanska stumfilmer som producerades under guldåldern

1894-1930 har gått förlorade till eftervärlden. En bidragande orsak är att man använde nitratfilmer som om de inte lagras rätt i värsta fall kan börja brinna eller smulas sönder till pulver. London After Midnight hör ändå till de få som man lyckats rekonstruera. Det var 2002 som man återskapade filmen genom att använda originalmanuset och fotografier tagna under inspelningen för att skapa en ny version. Många andra stumfilmer är för alltid försvunna.

Ungefär lika dåligt ställt som med stumfilmer är det med den antika litteraturen. Många verk har gått förlorade för eftervärlden och finns i bästa fall kvar som referenser eller enstaka citat i andra äldre verk. Om vi bara tar guldåldern inom den antika dramatiken så ska Aiskylos ha skrivit 90 pjäser varav endast 6 överlevt som trilogin *Orestien* där tragedin *Agamemnon* ingår, eller Aristofanes som skrev 40 komedier varav 11 bevarats däribland *Lysistrate*, vidare Euripides som skrev 90 pjäser varav 18 överlevt och så vidare.

Det finns de som anser att kyrkans moraliska censurapparat ligger bakom att många antika texter har försvunnit eftersom de betraktades som farliga. I romanen *Rosens namn* (1986) av Umberto Ecco är det precis den förklaringen som ligger bakom de fruktansvärda mord som inträffar på ett kloster i norra Italien. Munken William av Baskerville kommer till klostret när ett självmord inträffar. William får i uppdrag att utreda saken och finner att man i biblioteket har en kopia av Aristoteles bok om komedi som anses gått förlorad till eftervärlden. Eftersom skrattet sägs tillhöra djävulen har bibliotekarien i klosterbiblioteket skyddat boken genom att förgifta sidorna så alla som läser i den dör. Förbjuden frukt smakar som sagt bäst och som flugor dras munkarna till boken och dör. Ännu en förbannelse kring en förlorad artefakt har därmed besannas.

Det är inte bara gamla filmer och böcker som försvinner ur vår kulturhistoria. Utan även modernare material har ibland en tendens har gå upp i rök. Andy Warhols *Films Jack Smith Filming Normal Love* som kanske är den första filmen av popkonstnären Andy Warhol beslagtogs av NYP 1964 och har sedan dess varit försvunnen. Brittiska filminstitutet har en "most wanted" lista med 75 filmer mellan åren 1913 till 1983 som de saknar kopior av. Man kan fundera över vilka dataspel, Youtube-klipp, hemsidor och e-böcker som man kommer att göra listor av i framtiden och betrakta dem som försvunna? För även i vår digitala värld försvinner saker och ting.

Ett dataspel, som visserligen inte försvann helt, men som nästan försvann och där myten om spelet blev mer intressant är själva spelet är *E.T.* av Atari från 1982. Spelet skapade efter Steven Spielbergs berömda film om utomjordingen E.T. som blir kvarlämnad på jorden och som vill ha hjälp att ringa efter skjuts hem till sin egen planet. Under 1980-talet hade det blivit allt vanligare att följa upp en populär film med ett dataspel och uppdraget gick till Howard Scott Warshaw på Atari, en känd och duktig programmerare som hade flera spelsuccéer bakom sig. Problemet låg alltså inte i Warshaws kunskaper om dataspel utan i att han bara hade fem veckor på sig för att få spelet klart till den lukrativa julförsäljningen.

Spelet släpptes i tid men blev en riktig flopp och en ekonomisk katastrof för Atari. *E.T.* har av många utsetts som en av världens sämsta dataspel och plötsligt stod företaget där med miljoner spelkassetter som ingen ville köpa. Legenden säger att Atari dumpade och grävde ner alla spel på en soptipp i New Mexico. År 2014 gjordes ett försök att hitta de begravda spelen och ett filmteam följde jakten vilket resulterade i dokumentären *Atari - Game Over* (2015). Man hittade en hel del spel både av *E.T.* men också andra titlar från Atari, så legenden visade sig vara sann. *E.T.* är fortfarande ett riktigt dåligt spel men myten om hur det försvann och hur det hittades kommer ändå att ge det en självklar plats i dataspelshistorien.

Man kan undra om det inte samma sak gäller även för många filmer och andra litterära verk? Att själva myten om det förlorade verket egentligen är mer intressant än verket själv? För även om Aiskylos skrev 90 pjäser så betyder det inte att alla skulle vara mästerverk och läsvärda. Eller att alla stumfilmer som producerades på löpande band i Hollywood i början av förra seklet skulle vara av historisk betydelse. Men själva tanken att det bland allt detta vardagsgrus kan finnas ett guldkorn, en oupptäckt kulturskatt som skulle förändra vår historia gör att jakten fortsätter och myten fortsätter att växa. Och en dag kanske en komplett kopia av *London After Midnight* dyker upp på någon nätaktion eller i ett filmarkiv någonstans i världen.

Humlans flykt i litteraturen

När jag lyssnar på *Humlans flykt*, detta korta musikstycke av Nikolaj Rimskij-Korsakov som ursprungligen är ett mellanspel från operan *Sagan om tsar Saltan*, ser jag inte en humla framför mig. Istället påminner stycket om en stressad och irriterande fluga. För mig är humlorna stillsamma, graciösa och underbara insekter och inte så stressiga och virriga som de framstår i Rimskij-Korsakov stycke.

Humlan kan inte flyga
för vingarna är för små.
Den struntar i allt vad man säger
och flyger ändå.

Nej, även om en stor versvirtuos som Lennart Hellsing skriver att humlan inte kan flyga men gör det ändå, så är det inte sant. Det är en myt som uppstod på 1930-talet som vetenskapen har motbevisat för länge sedan. Precis som påståendet att det skulle vara farligt att bada direkt efter att man ätit. Vetenskapen vet att humlan kan flyga men det dröjde ett tag innan man i detalj kunde avslöja den speciella teknik den använder för att kunna flyga så effektivt. Tvärtom så är humlorna utmärkta flygare. I boken *Galen i humlor: En berättelse om små men viktiga varelser* (2015) berättar biologiprofessorn Dave Goulson om försök där han släppte ut humlor på olika avstånd från boet för att se om och hur de kunde hitta tillbaka. Det tog humlan ofta bara ett par minuter att hitta hem om de släpptes på en plats 2-3 kilometer från boet. Så det är inte bara snabba utan också väldigt duktiga på att navigera i landskapet.

Tyvärr är många humlearter hotade och på stark tillbakagång. Anledningen är att vårt landskap och vårt jordbruk allt mer består av monokultur, det vill säga vi odlar bara en enda sak, vilket gör att växter och blommor som humlorna behöver för att överleva försvinner. I England där Goulson är verksam har bland annat arter som vallhumlan försvunnit. Så för att kunna studera vallhumlan blev han tvungen att åka till Nya Zealand.

Historien bakom vallhumlan på Nya Zealand är intressant och ett bra exempel på hur människan genom globaliseringen förändra den biologiska mångfalden i allt högre utsträckning. På 1870-talet planterade de nyzeeländska bönderna in rödklöver som foder åt boskapen, men klövern spred sig inte utan man fick hela tiden beställa nya dyra frön från England. När man undersökte saken närmare fann man att det inte fanns några insekter på Nya Zealand som pollinerade klövern. I England skötte humlorna om detta men humlor fanns inte på Nya Zealand så man beslöt därför att importerade in ett antal humledrottningar till ön. Efter några misslyckade försök, det är inte lätt för en humla att överleva den långa färden från England, så etablerade humlorna sig i landet och nu kan man hitta arter som är sällsynta eller har försvunnit i England som fälthumlan och vallhumlan.

Intresset för humlor har fått ett uppsving de senaste åren och det har kommit ut en del nya faktaböcker i ämnet på svenska som *Humlor i Sverige: 40 arter att älska och förundras över*

(2012) av Bo Mossberg och Björn Cederberg. Att humlorna börjar bli allt mer sällsynta är förmodligen förklaringen till det nyvaknade intresset. För sådant som man är van vid och tar för givet brukar vi inte ägna så stor uppmärksamhet åt. Det är kanske också förklaringen till att humlan inte tar så stor plats inom kulturen. Det skrivs inte så många sånger, böcker eller skapas konstverk om humlor. Enligt Google verkar den mest kända humlan i kulturen vara *Bumblebee*, den gula roboten som kan förvandla sig till en gul Chevrolet Camaro i serien *Transformers*

Torgny Lindgrens roman *Hummelhonung* (1995) har visserligen humla i titeln, men den handlar inte så mycket om humlor. Den utspelar sig i norra Västerbotten där vi möter två bröder som är dödsfiender och som bor i varsitt hus ett stenkast från varandra. Deras enda mål i livet är att överleva den andra och genom att hålla koll på skorstenen kan de se om de andra eldar och alltså fortfarande är vid liv. En författarinna som kommer på besök lär känna bröderna och historien bakom deras bittra hat rullas. I centrum för berättelsen står hummelhonungen:

"Varje dag tänkte han någon stund över farfadern och hummelmjödarna. I första hand detta som oppå slutet hände farfadern då det gällde hummelmjödarna.
Vad är hummelmjödarna? frågade hon.
Humlornas bo i jorden, sade han, det är säckarna fulla med honungen, pungarna att krama honungen bortur, honungen och inget annat."

Det är på våren som den övervintrande drottningen börjar leta efter ett bo. Beroende på art så kan de söka efter övergivna gångar i jorden från gnagare eller kaniner. När drottningen har hittat en plats bygger hon ett bo där hon sedan lägger sina ägg. Humlan ruvar sedan sina ägg och hon vibrerar för att alstra värme, vilket är en väldigt energikrävande process. Därför har hon i förväg placerat en honungsburk på bekvämt avstånd för att inte svälta ihjäl. När väl äggen har kläckts så kan drottningen fortsätta lägga nya ägg medan de nya humlorna hjälper till att samla nektar.

Att hitta ett humlebo är däremot inte lika lätt som att hitta bi- eller getingbon. Humlebona är regel ganska små och har mindre trafik vilket gör att de är svåra att upptäcka. I boken *Galen i humlor* beskriver Goulson problemet som drabbar forskare som vill studera humlor närmare. Goulson berättar hur han efter många år kom på idén att försöker träna upp en spårhund för att hitta humlebon. Om Goulson hade läst *Hummelhonung* hade han kunna spara lite tid för i romanen har farfadern till bröderna nämligen en gråhund som är en utmärkt spårare av humlebon.

Att humlorna klarar av att överleva i det kalla Norrland är inte så konstigt. Det finns faktiskt en arktisk humla, polarhumlan som lever i trakter där det sällan blir mer än 5 plusgrader ens på sommaren. Humlorna har en tjock päls och när de flyger med 200 vingslag i sekunden alstrar de mycket värme. Det är snarare värmen som är humlornas akilleshäl, de skulle få värmeslag i Afrika och en framtida höjning av jordens temperatur kommer att påverka humlorna negativt. Men det största hotet är än så länge vårt enformiga kulturlandskap så man bör därför följa diktaren Karlfeldts goda råd i dikten *Humlor* ur diktsamlingen *Hösthorn* (1927):

Jag vill ett land bereda
av isop och borag,
av döra och reseda
och många andra slag,
er humlor till behag.

Förutom isop och gurkört (borag) finns det många andra blommor som humlor gillar. De verkar föredra gula och blå blommor så lavendel och kransveronika är inte helt fel att plantera i trädgården. Vill man kombinera nytta med nöje i rabatten eller på balkongen så kan man alltid odla kryddväxter som timjan, oregano och dragon som lockar till sig humlor. För även om humlan är sällsynt i litteraturen så behöver den inte vara det i naturen.

Nordkorea och dataspel: Från propaganda till satir

Grannlandet Sydkorea erbjuder sina medborgare en av världens snabbaste internetuppkopplingar och drygt 90 % har tillgång till internet. Den snabba infrastrukturen har gjort att Sydkorea tillhör de främsta i världen när det gäller e-sport, det vill säga dataspelssport, och en stor del av landets ekonomi och sociala aktiviteter handlar om dataspelande. Men hur förhåller sig det i Nordkorea en av världens hårdaste diktaturer och mest slutna länder? Finns det överhuvudtaget dataspel och vad spelar man i så fall för spel?

Syd – och Nordkorea är som Yin och Yang. Två tvillingar som varit skilda åt sedan Koreakriget på 50-talet och som har utvecklats åt helt olika håll. Det blir speciellt påtagligt när man tittar på den tekniska utvecklingen och då framför allt när det gäller internet och dataspel. I Nordkorea är det bara en liten grupp som har tillgång till internet. Istället hänvisas de medborgare som har möjlighet att skaffa dator eller mobil till det starkt övervakade och censurerade intranät som kallas Kwangmyong.

Eftersom Nordkorea är en av världens hårdaste diktaturer och är ett väldigt slutet land är det ganska svårt att få tag i tillförlitlig information. Det är också svårt att avgöra om den information man hittar har någon verklighetsförankring eller om det bara rör sig om ren propaganda. Det finns i alla fall en del att hitta på nätet om dataspel i Nordkorea, information som dessutom återkommer i flera tillförlitliga källor. Det första kända officiella nordkoreanska dataspelet anses vara *Pyongyang Racer* från 2012. Det är en enkel bilsimulator där du kör omkring i huvudstaden Pyongyang.

Spelet ska ha utvecklats av några studenter från Kim Chaek University of Technology i Nordkorea och beställts av Koryo Tours, ett brittisk ägt reseföretag om specialiserat sig på resor till Nordkorea. Grafiken hör hemma på 90-talet men det är inte heller frågan om något försök att göra ett riktigt bilspel som skulle kunna konkurrera med *Need for Speed* eller liknande samtida bilsimulatorer. Utan spelet är gjort för marknadsföring och genom att spela *Pyongyang Racer* får du möjlighet att åka omkring i den nordkoreanska huvudstaden och titta på olika attraktioner samtidigt som det finns ett spelmoment. De flesta spelkritiker gav det ett lågt betyg eftersom det är så otidsenligt, men spelet lyckades i alla fall med sitt syfte att skapa uppmärksamhet kring Nordkorea. Några av dem som spelade bilspelet på nätet blev kanske också intresserade att besöka Pyongyang i framtiden?

Svårigheten för medborgarna att äga en dator och att obehindrat surfa på nätet är förmodligen anledningen till att det saknas en inhemsk dataspelsindustri i landet. Det finns varken någon efterfrågan eller marknad för att skapa eller sprida dataspel. Det verkar som om nordkoreanerna hittills fått hålla tillgodo med några få arkadhallar i huvudstaden. Av ett bildreportage från 2008 verkar det då har rört sig om ett utbud av gamla och slitna spelmaskiner importerade från grannländer. 2013 meddelade dock de statliga nordkoreanska medierna att en ny arkadhall hade öppnats och av bilderna att bedöma rör det sig om mer samtida spelmaskiner. De statliga medierna kunde i alla fall stolt rapportera att spelhallen attraherar tusentals besökare varje dag.

När den unga Kim Jong-un år 2012 efterträdde sin far Kim Jong-il var han runt 30 år. Det finns anledning att tro att den unga Kim Jong-un har en mer positiv syn på dataspel och teknik än sin far. Redan 2002 började man använda mobiler i Nordkorea. Det finns nu stora begräsningar med mobilerna som att du inte kan ringa utomlands eller surfa på internet utan bara på det kontrollerade intranätet Kwangmyong. Ladda ner spel är inte att tänka på utan spelen sprids istället via Bluetooth mellan olika personer. Det finns ett utbyggt fibernätverk främst i huvudstaten, men även här är tillgången starkt begränsad till visa grupper.

Det är nu inte heller på datorerna som man kan se ett ökat spelande utan det sker istället på mobilerna. Tillgången till mobiler har ökat kraftigt i huvudstaden de senaste åren och det medför också att det nu finns en plattform för att spela spel på. Till en början rörde det sig om förinstallerade spel som Tetris och Janggi, ett brädspel som är populärt i Ostasien. På senare tid har andra mobilspel dykt upp som ett virtuellt husdjurspel, spel som liknar Angry Birds och Bubble Game och andra enklare spel. Att medborgarna roar sig med dataspel är alltså inget problem så länge det rör sig om ofarliga spel som inte kritiserar ledaren och regimen

Den stora nyheten under förra året var spelet *Boy General* som av västmedia beskrevs som en propagandafylld

Minecraft-kopia. I *Boy General* spelar du general Swoene, en ung ledare i kungadömet Koyguro som härskade över den Koreanska halvön. Spelet bygger i sin tur på en populär tecknad serie som visats sedan 1980-talet i Nordkorea. Det är inte så svårt att lista ut anledningen till att regimen gillar det här spelet. *Boy General* är förstås en anspelning på Kim Jong-uns ledarskap och den unga dikatorn som ska bygga upp ett nytt kungarike på den koreanska halvön.

Att kritisera Kim Jong-un är omöjligt i Nordkorea, men det har också visat sig vara känsligt när västvärlden kritiserar ledaren. Det blev ganska tydligt när den amerikanska komiska filmsatiren *The Interview* lanserades 2014. Filmen handlar om två programledare för en kändisshow i USA som får möjlighet att intervjua Nordkoreas diktator Kim Jong-un. Programledarna blir rekryterade av CIA för att lönmörda Kim Jong-un och filmen blir en hejdlös drift med dikatorns alla egenheter. Innan filmen släpptes hotade Nordkorea USA med repressalier om den visades, vilket ledde till att premiären sköts upp och filmen klipptes om. Sony Pictures drabbades i samma veva av en stor hackerattack där e-post och flera filmer spreds på nätet. Enligt FBI var det Nordkorea som låg bakom hackerattacken.

Även spelföretaget Money Horse verkar ha fått känna av Nordkoreas vrede inför releasen av spelet *Glorious Leader*. Deras datorer blev våren 2015 hackade och allt material om spelet förstördes. Spelet är ett klassiskt Shoot 'Em up spel med 90-tals känsla. Här spelar du Kim Jong-un som bland annat rider på en enhörning (eftersom landet hävdar att man hittat fossil av enhörningar i en grotta) och skjuter ner en invasion av amerikanska trupper. Fast hur det egentligen ligger till med hackerattacken mot Money Horse är förstås lite osäkert. Det finns olika spekulationer om vad som egentligen hände. Att ett spelföretag inte skulle ha en backup av sitt senaste spel låter lite konstigt. Men av de videoklipp som finns på nätet så skulle det ha blivit ett spännande spel fyllt med satir och glimten i ögat.

En sak är i alla fall säkert att det finns fler spel producerade i väst där Kim Jong-un har huvudrollen än vad som har skapats i Nordkorea. Många av spelen är parodier eller satirer som *Glorious Leader* som driver med diktatorn. Ta bara golfspelet där du kan spela som den stora ledaren som alltid lyckas slå hole-in-one. Han brås väl på sin far Kim Jong-il, som lär ha tagit upp en golvklubba för första gången i sitt liv 1990 och gjorde 11 hole-in-one på en 18 håls golfbana.

Tystnad, en tagning

Johannes Brahms symfoni nummer 2 fick mig att börja fundera kring utmaningen i att göra en film i en enda tagning. I mitten av december 2015 sände nämligen SVT2 en konsert med The Deutsche Symphonie-Orchester Berlin under ledning av dirigenten Tugan Sokhiev. Konserten som spelades in i slutet av juni i en nedlagd fabrikslokal i östra Berlin hade filmats i enda tagning med hjälp av bara en enda kamera. I vanliga fall när man sänder den här typen av evenemang brukar man använda sig av flera olika kameror så att man kan klippa mellan olika vinklar och scener. Men här använde man sig istället av en 13 meter lång kamerakran som kunde "flyga" över och in i orkestern och fånga upp de enskilda musikerna och se orkestern från nya vinklar. Det som fascinerande mig var tanken att man i förhand måste ha gjort ett detaljerat schema över hur kameran skulle förflytta sig under den fyrtio minuter långa konserten och att det minsta misstag skulle gör att tagningen måste göras om.

Det fick mig att tänka på andra exempel på filmer gjorda i en enda tagning. Långt bak i minnet hörde jag ett annat musikstycke och kom ihåg musikvideon till Massive Attacks låt *Unfinished Sympathy* (1991). Den drygt fem minuter långa videon är gjord i en enda tagning och visar hur sångerskan Shara Nelson vandrar längs gatorna i Los Angeles förorter. Videon börjar med att man får se två stålkulor som rullar runt i en hand sedan lyfter sig kameran till ett fågelperspektiv och man ser några gängmedlemmar med en kamphund innan kameran springer i fatt Nelson och följer hennes vandring längs gatan tills sången är slut.

Ett mer nyligt exempel, med samma tema, är den kanadensiska sångerskans Kieszas video till låten *Hideaway* (2014). Den är också gjord i en enda tagning och visar hur sångerskan hoppar ur en gul taxi och börjar sjunga och dansar längs Brooklyns bakgator. Längs vägen träffar hon på människor som också börjar dans i en väl koreograferad video tills låten slutar och hon hoppar in i taxin igen.

I sammanhanget är *A street with a view* (2008) ett lite udda filmprojekt som också utspelar sig på en gata. Ben Kinsley och Robin Hewlett fick nämligen veta att Google skulle komma och filma i Pittsburgh för att skapa gatuvyer till sina kartor och beslöt sig därför för att iscensätta en del intressanta saker längs Sampsonia Way som sträcker sig längs åtta kvarter. När Googlebilen åkte längs gatan och filmade passerade den en parad, ett laboratorium, en svärdsduell och andra märkliga objekt och händelser som placerats ut längs färdvägen. På ett sätt blev det också en form av film gjord i en enda tagning. Projektet finns kvar på nätet som en kortdokumentär medan den befolkade gatumiljön i Google Street View idag har ersatts av en normal trist gatuvy.

En musikvideo är ju förstås bara ett par minuter lång och betydligt enklare att filma i en enda tagning än en långfilm. Det finns en del exempel på regissörer som har gett sig i kast med detta konststycke och som lyckats. Nu pratar vi inte om de filmer som artificiellt har klippts ihop i efterhand för efterlikna en enda oavbruten tagning som Alfred Hitchcocks *Repet* (1948) eller Alejandro G. Iñárritus *Birdman* (2014) utan där man verkligen har sagt: "Tystnad, en tagning".

Alexander Sokurovs 96 minuter långa *Russian Ark* (2001) är ett av de mer spännande projekten. Filmen är gjord i en enda tagning och utspelar sig i Vinterpalatset i S.t Petersburg. Den tog fyra år att förberedda och utspelar sig i 33 olika rum som fylls med över 2000 skådespelare och tre orkestrar. Trots den långa förberedelsen var tiden knapp för att lyckas med projektet eftersom Vinterpalatset bara kunde hålla stängt under en enda dag för filminspelningen och man var beroende av dagsljuset. Efter tre misslyckade försök såg det ut som om man skulle misslyckas trots alla förberedelser. Ljuset började försvinna utanför fönstren och batterierna till kameran var nästan slut, men skam den som ger sig, för på fjärde försöket lyckades Sokurov slutligen med bedriften att göra en spelfilm på drygt en och halv timme i enda tagning.

I *Russian Ark* får vi följa en okänd berättare, ett spöke, som rör sig genom tid och rum i Vinterpalatset. Under vår vandring möter vi olika personer, verkliga och fiktiva, som levt i S:t Petersburg under stadens 300-åriga historia. Filmen är också ovanlig på ett annat sätt. Den är nämligen filmad i första person. Inom dataspel är det idag väldigt vanligt med första persons perspektiv. I många actionspel (First Person Shooter) spelar du hjälten och ser spelvärlden i första person ofta med någon form av vapen som du håller i din hand. Inom filmens värld har detta perspektiv aldrig fått något riktig fäste. Eftersom berättaren i *Russian Ark* är ett spöke passar första person perspektivet naturligt in i handlingen. Det är rimligt att vi inte kan se personen utan att vi istället får uppleva historien utifrån hans perspektiv. Det blir kameralinsen som blir berättarens ögon.

I filmens barndom var det också vanligt att man filmade i en enda tagning, men då berodde det på tekniska begränsningar som svårigheten att flytta kameran och att klippa filmen som gjorde att man fick nöja sig med en enda tagning. I de första filmerna placerade man helt enkelt kameran på ett ställe och filmade ett tåg som passerade, arbetarna som lämnade en fabrik eller en scen man byggt upp inomhus. En förutsättning för att skapa en film som *Russian Ark* är utvecklingen av steady-cam. Steady-cam, som började användas under 1970-talet, är en kamera som monteras i en sele på kroppen med ett stabiliseringssystem som gör att kameramannen fritt kan röra sig i omgivningen och på ett naturligt sätt följa med karaktärerna utan att det blir några skakningar i filmen.

Det senaste tillskottet av långfilmer som är gjorda i en enda tagning är den tyska filmen *Victoria* (2015) regisserad av Sebastian Schipper. Den 140 minuter långa filmen handlar om Victoria, en spanjorska bosatt i Berlin som lämnar en nattklubb i Berlin runt klockan fyra på morgonen. Utanför klubben träffar hon fyra unga män som hon slår följe med dem. Männen planerar under morgonen att utföra ett bankrån för att betala en skuld och Victoria blir indragen i rånet. Att regissören valt att handlingen ska utspela sig tidigt på morgonen i Berlin beror förmodligen på att det inte är så mycket människor i omlopp på gatorna som skulle kunna störa inspelningen. Hur personerna skulle röra sig i staden vara noga planlagt medan dialogen improviserades fram av skådespelarna. Naturligtvis lyckades man inte heller i det här projektet vid det första försöket, men på tredje försöket fungerade allt och man kunde spela in hela filmen i en enda tagning.

Det finns egentligen ingen praktisk anledning att göra en spelfilm i en enda tagning eftersom man lika väl skulle kunna göra flera tagningar och i efterhand klippa ihop dem så att det ser ut som en enda tagning. Det är väl mer som en sport för regissören att ro hem ett sådant projekt och ett försök att skapa en autenticitet i berättandet, ett intryck av att allting sker här och nu framför kameran precis som på en teaterscen. Oavsett så blir man imponerade av den planering som ligger bakom dessa filmer. Det finns även en dokumentär som handlar om när man spelade in *Russian Ark* med titeln *In One Breath*. Dokumentären visar den noggranna planeringen bakom filmen, allt som skulle kunna gå fel och den hårda pressen på alla medverkande för att slutföra projektet och slutligen den glädje och stolthet man kände när allt äntligen var klart.

Skrattet vid ensamhetens avgrund

"Bubbis, det draar..." repliken från SVT: komedisuccé *Morran och Tobias* har spridit sig som en löpeld genom Sverige. Serien som tilldelades TV-Kristallen för bästa program 2015 handlar om en dysfunktionell familj som befinner sig i samhällets utkant och som bor i en utdömd fastighet i väntan på rivning. Sonen Tobias (spelad av Robert Gustafsson) och modern Morran (spelad av Johan Rheborg) lever i en relation som kan beskrivas som djupt tragiskkomisk. Det är två personer som knappt tål varandra samtidigt som de inte klarar av att leva utan varandra. Som i en dödsdans av Strindberg försöker de frigöra sig från varandra utan att lyckas. De lever sammanvuxna i en sjuklig symbios där rädslans för att hamna vid ensamhetens avgrund får dem att stanna kvar i en destruktiv relation.

Det är inte svårt att se parallellen och inspirationskälla till serien. *Morran och Tobias* är en skruvad och mer cynisk variant av den populära svenska TV-serien *Albert och Herbert* från 70-talet. Albert och Herbert bygger i sin tur på den brittiska förlagan *Steptoe and Son*. Serien handlar om sonen Herbert (spelad av Thomas von Brömssen) och fadern Albert (spelad av Sten-Åke Cederhök) som också bor i ett ruckel som hotas av rivning. Familjen försörjer sig som skrothandlare och befinner sig i samhällets utkant. Herberts mor är död, på samma sätt som Tobias far är försvunnen. Den kvarvarande föräldern håller krampaktigt fast i relationen till sin son av rädsla av att bli lämnad ensam.

I bägge serierna beskrivs föräldrarna som godtrogna, dryga och dumma. De är helt inkompetenta att ta hand om hus och familj även om de har ambitionen att vara goda föräldrar och försöka fira jul, laga mat och städa vilket ofta leder till komiska och katastrofala följder. De vuxna sönerna däremot tycker föräldrarna är pinsamma och vill hellre umgås med jämnåriga och göra saker som andra i deras ålder gör. Men sönerna saknar social kompetens och har svårt med kvinnliga relationer. Även om de verkar vilja frigöra sig och flytta hemifrån kommer det aldrig till skott utan tryggheten och bekvämligheten i barndomshemmet gör att de väljer att stanna kvar.

Det finns i bägge serierna ett avsnitt där en av personerna i hushållet beslutar sig att resa iväg på semester alldeles själv och lämna den andra hemma vilket skapar en ångestladdad konflikt. Sonen Herbert drömmer om att sticka iväg på solsemester utomlands för att träffa jämnåriga kompisar och spännande tjejer med tvingas i sista stund ställa in resan då den hypokondriska fadern Albert blir "dödssjuk". Morran som beställt en charterresa till Grekland står precis i dörröppningen då det visar sig att hennes son "glömt" att betala biljetterna. Familjen är tillbaka på ruta ett och den komiska dödsdansen kan fortsätta. Trots att de inte tål varandra är tanken på att bli lämnad ensam ännu mer outhärdlig och därför saboterar man ständigt den andras planer och drömmar om frigörelse.

När Miguel Cervantes skrev om *Don Quijotes* äventyr så introducerade han ett omaka par som har satt stora avtryck i litteraturen. Den gamla och fattiga adelsmannen Don Quijote som förläser sig på riddarromaner, tappar förståndet och beger sig ut på en resa för att slås mot orättvisorna och vinna sin älskades Dulcineas hjärta. Med sig får han den godtrogna och dumma bonden Sancho Panzo som ska hålla reda på honom. Under resans gång växer det fram en vänskap och ett beroende mellan de två udda karaktärerna som tar sig uttryck i olika tragiskkomiska episoder och äventyr.

En mer nihilistisk version av radarparet i Don Quijote hittar man i Samuel Becketts drama *I väntan på Godot*. Här möter vi de två ständiga vapendragarna luffarna Vladimir och Estragon som också är ute på ett uppdrag för att förverkliga sina drömmar, nämligen att träffa den mystiska herr Godot. De tvingas leva med varandra dag efter dag, trots att de verkar avsky varandra. De försöker lämna varandra eller ta livet av sig, men de misslyckas och fortsätter att vandrar omkring i livets Limbo. På så sätt kan man säga att "Albert och Herbert" och "Morran och Tobias" är en komisk variant på det existentiella omaka radarparet som följt oss sedan Don Quijotes dagar.

Den absurda teatertraditionen från Beckett har på många sätt förvaltats inom den brittiska komedin. Monty Python gängets sketcher är ett bra exempel med sin blandning av det intellektuella, det surrealistiska, det chockerande och det absurda. Humorn i *Monty Python* banade i sin tur väg för en lång rad populära brittiska humorserier som fortsatte i den absurda skruvade traditionen som *Våra Värsta år, Svarte orm, Little Britain, Absolut Faboulus, French and Saunders* och

Bottom. I många av dessa serier hittar du exempel på det udda radarparet som anti-hjälten Blackadder (spelad av Rowan Atkinson) med sin sidekick Baldrick (spelad av Tony Robinson).

TV-serien *Bottom* som skapades av Rik Mayall och Adrian Edmondson är ett annat exempel på den vulgära destruktiva brittiska humorn som du också kan hittar influenser hos *Morran och Tobias*. *Bottom* handlar om två ungkarlar som bor in sunkig lägenhet i Hammersmith London. I serien möter vi Richard Richard den ständiga oskulden (spelad av Rik Mayall) och den alkoholiserade Edward Hitler (spelad av Adrian Edmondson) som ständigt är panka och letar efter något meningsfullt att fylla livet med. De drömmer om pengar, kärlek och äventyr men deras liv är fyllt med ständiga misslyckanden. Huvudkaraktärerna kan beskrivas som patetiska, vulgära, våldsamma och de hyser en en hatkärlek till varandra. Precis som Becketts tiggare befinner de sig i ett Limbo i livet. De försöker bryta sig loss ur livets hamsterhjul men kommer ständigt tillbaka till samma plats. De överväger att ta livet av sig men lyckas inte ens med det. Det finns en djup rädsla att bli lämnad ensam för när det väl kommer till kritan är de varandras bästa och kanske enda vänner.

I början av 1990-talet gjorde Peter Settman och Fredde Granberg succé med raggarna *Ronny och Ragge*. Precis som i *Bottom* handlar det om två unga arga män som inte kommit in i samhället. De försöker vara tuffa och starka men är egentligen bara patetiska och tragiskkomiska när de försöker ragga upp tjejer (pök). I grunden är det dock väldigt ensamma, rädda och osäkra. De är antihjältar som driver med och slår hål på ett macho mansideal som de inte lyckas leva upp till.

Många av komediserierna som jag har nämnt bygger i grunden på djupa existentiella frågor om mänsklig utsatthet och rädsla för ensamheten. Att de blivit så populära beror mycket på att i skrattspegeln förvrängs bilden och istället för att bli djupt tragiska blir de absurt roliga. Som all stor komik så balanserar serierna på avgrunden till det mörka. Vad är mer skrämmande än att stå vid ensamhetens avgrund och ett kort ögonblick av igenkännande inse att du kan vara du som snart ramlar ner där? Men snart förstår du att det bara är en illusion och du befinner dig på fast mark och ett befriande och förlösande skratt gör att du kan skjuta mörkret ifrån dig för tillfället.

Ångaren Bollsta och andra olycksskepps i visans värld

Det var vid femtiden den 22 september 1885 som ångaren Bollsta sjönk på sin färd mellan Härnösand och Bollsta. En fartygskatastrof som förmodligen skulle ha fallit i glömska om inte Tomas Ledin på albumet "Höga kusten" (2013) lyft upp den i "Balladen om kapten Magnus Berlin". Balladen är nu bara en av många visor i den svenska visskatten som handlar om skeppsbrott.

Några dagar efter olyckan kunde man i Svenska Dagbladet läsa ett refererat av händelseförloppet: Ångaren Bollsta hade varit på väg från Härnösand till hemmahamnen i Bollsta. Skeppet hade på däck lastat mjölsäckar och annat gods. När ångaren gjorde en tvär gir försköts den dåligt surrade lasten och eftersom det saknades bottenlast fick skeppet slagsida.

"Flera ventiler till salongerna skola ha varit öppna; vattnet hade nu strömmat in och alldeles upphäft den lilla bärkraft som fanns qvar, hvarjemt mjölsäckarne, hvilka lågo utan förstufning ramlade öfver från styrbord till babord. Nu var det fullkommligt slut med all möjlighet af jemnvigt och ångaren kantrade samt sjönk inom några ögonblick på 40 fots djup."

Fartyget drog med sig fyra människor i djupet bland annat kaptenens hustru och en uppaskerska som arbetade med matserveringen under däck. Deras liv hade kanske gått att rädda om det kunnat ta sig upp på däck, men när lasten med mjölsäckarna försköts blockerades utgången. Överlastning ansågs vara den främsta orsaken till olyckan, men kaptenen lämnade in en skrivelse till notarius publicus i Härnösand där han och hans besättning avsvor sig allt ansvar för olyckan.

Tomas Ledin som är uppvuxen i Höga Kusten hörde berättelsen om den tragiska olyckan under sin uppväxt. I balladen finns därför flera detaljer om olyckan som inte nämns i tidningsartikeln utan som har levt vidare i den muntliga berättelsen. Lasten bestod till exempel av hundrafemtio säckar mjöl och fem fat sill och det var när man skulle släppa av ett nyförlovat par i Veda som olyckan inträffade. Till skillnad från den sakliga tidningsartikeln har Ledin återskapat stämningen och man får veta att vid olyckan "fylldes kaptenens anlete av skräck" och man ser "Skräckslagna blickar och skrik en utsträckt hand." I refrängen till balladen finns också en bakgrund om kapten Magnus Berlin och hans hustru som förstärker tragiken i hela olyckan. Det berättas om en familj som hade bråda tider men som verkar gå en ljus framtid till mötes med stabila inkomster, tillökning i familjen och större bostad:

"hustrun hade sitt jobb som skeppets restauratris
och med två fasta löner
tre barn och ett på väg
snart två kakelugnar, i en egen lägenhet"

Kapten Magnus Berlins fortsatta öde verkar dock vara höljt i ett dunkel. Ledin avslutar nämligen sin ballad med strofen "vart han sen tog vägen, är det ingen som vet". Man skulle kunna tro att historien om ångaren Bollsta också slutar här på

Ångermanälvens botten men så är inte fallet. Båten som byggdes av William Lindbergs verkstad på Södra varvet i Stockholm 1871 gick till en början i skärgårdstrafik under namnet Waxholm. 1878 såldes båten vidare till ett rederi i Härnösand som döpte om den till Bollsta och satte in den i linjetrafik mellan Härnösand och Bollsta. Efter olyckan bärgades båten och togs sedan i trafik i Nordmaling men efter en grundstöttning utanför Vasa 1897 betraktas båten som ett vrak. Trots det räddades olycksfartyget än en gång och togs i drift. 1915 beger den sig iväg på sin sista färd från varvet i Husum upp mot Nordmaling. Båten når aldrig sin destination utan försvinner spårlöst. Först 1976 hittas den av dykare på botten utanför Nordmaling där historien om ångaren Bollstas öde alltså slutar.

Man kan inte låta bli att jämföra Ledins ballad om ångaren Bollsta med Evert Taubes kända visa "Balladen om briggen Blue Bird" (1929). Det är på julafton som briggen Blue Bird råkar ut för ett oväder och man surrar fast svensken Karl Stranne från Smögen vid rodret för att styra skeppet. Stormen blir för svår och skeppet förliser. Men Strannes far kommer till undsättning och i sista stund räddas besättningen. Besättningen putsar ut säkra i stugans värme då Strannes far frågar var hans son har tagit vägen. Kaptenen inser plötsligt att de har glömt Karl kvar fastsurrad vid rodret och han följt med skeppet i djupet. I balladen om Bollsta är det hustrun till kaptenen som dras ner i djupet medan i Taubes ballad är det sonen till Stranne som dör. Det tragiska i balladen är att Stranne lyckas rädda alla utan sin egen son.

Även Taubes ballad bygger i grunden på en sann historia om briggen "Blue Bird" som i augusti 1871 gick på grund. Taube har dock lånat och skarvat från andra berättelser när det gäller den surrade besättningsmannen. Det finns nämligen en hel del skepparhistorier och sjömansvisor om förlista fartyg från slutet av 1800-talet. Även i Taubes visa "Möte i monsun" berättas om en fartygskatastrof. Här möter vi Fritiof Andersson som berättar om hur han mönstrar ombord på ett skepp fyllt med vilda djur som ska fraktas till Hagenbeck i Hamburg. Vid Ceylon möter skeppet en cyklon och de vilda djuren sliter sig loss och till slut är det bara Fritiof och elefanten kvar.

"-Men den resan var värst av alla, det är sant,
syd om Ceylon gick vi in i en cyklon,
ut ur buren smet ett lejon, rök på en elefant,
vrålet blandades med storm och böljors dån."

Att färdas ute på havet var ofta farligt och många skepp förliste i stormarna och många mäniskor komma aldrig hem igen vid förra sekelskiftet. Många av sjömansvisorna spreds i billiga häften med skillingtryck som var folkliga visor och ballader med sentimentalt innehåll. I ett av dessa häften kunde man läsa J. R. Johanssons visa om "Skeppet Skuldas undergång". Även det här skeppet hamnar i oväder och "Kaptenen såg sin maka när hon gick över bord, / och bittra tårar fälldes ty sorgen den var stor." Att kaptenens fru drunknar är bara början på eländet. En efter en stryker besättningen med när skeppet förliser på Dogger bank i

Nordsjön. Det är bara styrmannen som överlever genom att klamra sig fast på en planka. "Men ensam på en planka på havet styrman drev, / den ende av dem alla med livet räddad blev." Att någon överlever katastrofen är ju en förutsättning för att det ska finnas ett ögonvittne som kan återberätta detaljerna i visan.

Musikgruppen Lucas Stark & Bruksorkestern förvaltar vistraditionen och spelar äldre skillingtrycksvisor ur den Nordiska vistraditionen i en modernare musikdräkt. På deras skiva "Stolt genom havet böljor" (2009) har de plockat upp en del sjömansvisor från 1800-talet. "En sjöman fruktar inte döden" handlar till exempel om en sjöman som under en storm faller från masten ner på däck och dör och i visan "Ett vrak uti Nordsjön" får vi höra om ett skepp som hamnar i sjönöd men som efter några dagar blir undsatta av ett annat fartyg och besättningen räddas. Det finns en hel del visor om olycksskepp och fartygskatastrofer i den svenska visskatten och Tomas Ledins "Balladen om kapten Magnus Berlin" kan alltså placeras in som ett av de senaste nytillskotten till traditionen.

Nazister i B-filmskräckträsket

Efter andra världskriget inleddes en människojakt på de skyldiga nazisterna som stått bakom några av historiens värsta krigsbrott mot mänskligheten. Några fångades direkt, andra tog livet av sig innan rättvisan hann i fatt dem och ytterligare några lyckades smita och försvinna. Organisationer som Simon Wiesenthalcentret har i decennier oförtröttligt letat reda på de sista nazistiska krigsförbrytarna och ställt dem inför rätta. Nu är det nästan inga kvar att hitta. De flesta verkar ha fångats in eller dött av hög ålder, eller?

Att några högt uppsatta nazister trots allt skulle ha lyckats komma undan rättvisan och på hemlig ort planerar en come-back, det har det skrivits och gjorts en hel del filmer om under årens lopp. För dog verkligen Hitler eller flydde han till Sydamerika tillsamman med andra ledande nazister? Var det verkligen hans brända kvarlevor som den sovjetiska armén hittade utanför bunkern i Berlin?

Direkt efter kriget rapporterade olika vittnen att de hade sett Hitler och sedan dess har konspirationsteorierna fortsatt att cirkulera. Så sent som 2009 gjordes ett DNA-test på ett skallfragment som ryssarna påstod tillhörde Hitler. Testet visade dock att skallen tillhörde en kvinna mellan 20-40 år. Andra källor har hävdat att resterna av Hitlers lik skulle ha förstörts och slängts redan på 70-talet av ryssarna. Bristen på tillförlitliga bevis på att Hitler verkligen dog är en guldgruva, iallafall om man är regissör och tänker göra en film om hur nazisterna bara väntar på att komma tillbaka och ta makten igen.

De senaste åren har nazisterna gjort comeback på bioduken i filmer som *Iron Sky* (2012), *Nazis at the Center of the Earth* (2012), *Död snö* (2009) och *Captain America: The Winter Soldier* (2014). I *Iron Sky* har nazisterna övervintrat på baksidan av månen där de har byggt upp en bas med soldater och rymdskepp som väntar på att invadera jorden och i filmen *Nazis at the Center of the Earth* har de hittat en fristad på en okänd kontinent vid jordens medelpunkt. Man anar en viss Jules Vernes inspiration i filmerna. Kanske har regissörerna läst böcker som *Resan till jordens medelpunkt* (1864) och *Från jorden till månen* (1865)?

På filmduken brukar nazisternas lyftas fram som galna forskare som håller på med fruktansvärda experiment. Deras teknik har precis som i Jules Vernes science fiction-romaner en känsla av steampunk över sig. Det rör sig ofta om en patinerad teknik som bygger på science fiction-inspirerad mekanik och ingenjörskonst med utgångspunkt i andra världskrigets uppfinningar. I *Iron Sky* använder nazisterna till exempel zeppelinarrymdskepp eller rymdskepp i tefatsmodell från 60-talet och de har otympliga datorliknande maskiner som andas olja, ånga och smuts. I jordens mitt arbetar dr Mengele med transplantation och stamceller för att kunna hålla sin döende arme vid liv och kunna återuppväcka Adolf Hitlers huvud, som man lyckats montera på en klumpig robot. Trots att man använder sig av nya forskningsrön är det mer bensåg och stora sprutor som karaktäriserar Mengeles praktiska tillämpningen i underjorden.

Att nazisterna alltid verkar ligga efter i den tekniska utvecklingen har en viss historisk förankring. När nazisterna tog över makten i Tyskland började de förbjuda judar och andra oönskade individer att vara verksamma på statliga tjänster vilket ledde till att hela universitets- och forskarvärlden dränerades på kompetens. Många vetenskapsmän flydde och hamnade i USA, vilket var tur, för annars hade nazisterna kunnat utveckla till exempel atombomben långt före de allierade. Det hela ledde till att Tyskland halkade efter i teknikutvecklingen på många områden. Den tyska stridsmaktens framgångar berodde främst på disciplinerad effektivitet och mekanisk ingenjörskonst än nyskapande geniala innovationer. Även i filmens värld är det mer fråga om kadaverdisciplin och fanatism som gör att nazisterna blir ett hot för mänskligheten, än deras intelligens.

En förklaring är att de i filmens värld ofta levt isolerade under många år och att deras rasbiologi gör det svårt för dem att förnya arvsmassan med färska gener. I sin strävan att behålla rasen och blodet rent återstår bara inavel, vilket leder till en population som blir allt mer degenererad och galen. I *Nazis at the Center of the Earth* förekommer inte ens någon fortplantning. Det finns inte ens några kvinnor i underjorden utan soldaterna försöker hålla sig vid liv genom att förnya sina kroppar med organ från människor som lurats ner i underjorden.

Ett annat alternativ att hålla nazisterna vid liv är att göra dem till zombier. Zombier är både döda och hjärndöda och följer bara sin instinkt, vilket gör dem till perfekta mördarmaskiner. I till exempel filmen *Död snö* råkar några ungdomar på utflykt i vildmarken väcka zombie-nazister som övervintrat i de norska fjällen. Filmen verkar inte har några djupare bottnar utan är mest ett frossande i splatter med inspiration från filmer som *Evil Dead*. Att zombie-nazister skulle ta över jorden är inte det mest troliga scenariot, men bakom detta uppsving för B-skräckisar om nazister kan man ana ett reellt hot.

I Europa har vi under de senaste åren sett en framväxande högerextremism och rena nazistpartier har lyckats ta sig in i några länders parlament. Det hade varit betydligt lättare att kämpa mot nazist-zombier än riktiga nazister. Zombier är ganska lätta att upptäcka och bekämpa medan de nazistiska idéerna, som nu sprider sig som ett osynligt virus bland Europas befolkning, är betydligt svårare att identifiera och bekämpa.

I *Captain America: The Winter Soldier* (2014), som budgetmässigt inte kan räknas som en B-film, men som innehållsmässigt inte skiljer sig speciellt från de övriga nazistfilmerna, hittar vi den dolda fiende mitt bland oss. Det visar sig att Arnim Zola en galen vetenskapa knuten till nazisternas hemliga organisation Hydra har överlevt genom att överföra sitt medvetande till magnetband i en uråldrig datoranläggning. Ingen har förstås reflekterar över att man kanske skulle ha konvertera Zolas medvetande till nyare teknik och följa teknikutvecklingen i världen? Istället befästs i filmen idén om att de gamla nazisterna har stagnerat då det gäller den tekniska utvecklingen.

Det finns dock en ny generation av nazister inom Hydra som har infiltrerat spionorganisationen SHIELD och andra myndigheter. De är nu i färd med att landsätta ett övervakningssystem som bygger på en ny algoritm som ska kunna hitta och eliminera nazisternas alla fiender så att de än en gång kan ta makten. Den teknik som Hydrat utvecklat är en kritik mot dagens övervakningssamhälle, som bland annat USA håller på att bygga upp. Det Hydras programvara gör är att samla in all information som användare lämnar efter sig på internet och skapar sedan en profil. Genom positioneringsteknik kan systemet sedan lätt hitta dessa individer och en flotta av rymdskeppsliknande farkoster likvidera framtida fiender.

Massövervakning och angiveri var också väl utvecklat i Nazityskland, precis som i många andra diktaturer. Idag använder många demokratiska länder liknande tekniker för att övervaka sina egna medborgare. Det *Captain America: The Winter Soldier* visar på är att det alltid finns risker att ett sådant system kommer att hamna i händerna på fel personer och vändas mot medborgarna istället för att skydda dem.

Hydras programvara påminner en hel del om NSA:s spionprogram som PRISM och liknande program som visselblåsaren Edward Snowden avslöjade 2013. Algoritmer som Hydra använder sig av för att hitta sina fiender används redan idag flitigt av allt från sökmotorer till säkerhetstjänster för att skapa speciella profiler utifrån all de användardata vi lämnar efter oss i den digitala världen. Att hitta någon är också enkelt. Så länge vi använder en mobil eller dator, kan man ta fram personens exakta position.

Egentligen är det synd att den här typen av nazistfilmer ofta blir en splatterkavalkad med stela skådespelare och töntiga repliker. Det är filmer man snarare skrattar åt än blir skrämd av på grund av deras låga kvalité. Det finns dock i bakgrunden ett allvarligt stråk som man kanske borde fundera över. Hotet från högerextrema krafter är inte någon fiktion utan ett högst påtagligt hot. Hitler lär inte återuppstå från de döda, men det finns tillräckligt många som aspirerar på att ta över ledartröjan. Zombie-nazister kommer vi inte att se på gator och torg, men vi kommer att få se människor som blint och hatiskt följer en ledare utan att själv reflektera eller tänka över sitt handlande. Även i B-filmernas skräckträsk finns det alltså några guldkorn att vaska fram som säger en del om vår samtid och hoten mot framtiden.

Ett ständigt misslyckande

Det ständiga misslyckandet är grunden för dataspelets berättarstruktur. Precis som i film och litteratur har ofta dataspel ett linjärt berättande. Huvudpersonen ska ta sig från berättelsen början till slutet genom att lösa olika problem. För film och litteratur är berättelsen traditionellt sett fastlåst i en position förutbestämd av författaren eller regissören. Berättelsen förändras inte oavsett hur många gånger du läser boken eller ser på filmen. I ett dataspel däremot finns det en ramberättelse och ett antal regler som gör att varje gång du börjar spela kan du välja hur berättelsen ska utvecklas. Beroende på om du väljer att gå rakt fram, till höger eller till vänster skapas nya berättelsemönster och möjligheter i spelet. Många gånger misslyckas du i ett dataspel med att fullfölja berättelsen. Du dör eller hamnar i en återvändsgränd och måste då börja om. Det är genom dessa ständiga misslyckanden som du lär dig hur du ska agerar för att få ut det mesta möjliga av dataspelet och komma till slutet av äventyret. De senaste åren har det dykt upp ett antal filmer som inspirerats av dataspelens berättarstrategier med att misslyckas, det som vi till vardags kallar *trial and error*. Ett av de mest kända exemplen är filmen *Groundhog Day* från 1993.

I *Groundhog Day* möter vi den odrägliga tv-meterologen Phil (Bill Murray) som fått i uppdrag att bevaka murmeldagen i en liten stad. Enligt legenden kan ett murmeldjur avgöra hur länge vintern ska stanna. Om murmeldjuret ser sin egen skugga och springer tillbaka in i boet kommer vintern att vara ytterligare sex veckor säger legenden. Ett oväder hindrar dock tv-teamet från att återvända hem efter slutfört uppdrag och Phil tvingas motvilligt att övernatta i staden. När han vaknar dagen efter visar det sig att han hamnat i en tidsloop och måste återuppleva samma måndag om och om igen, vilket förklarar filmens svenska titel *Måndag hela veckan*.

Tidsloopen i filmen påminner mycket om berättarstrukturen i ett dataspel. När du dör i ett dataspel nollställs spelet och du börjar om på samma nivå igen. Ingen av de andra karaktärerna i spelet minns vad som hänt tidigare. Du som spelare har dock den fördelen att du minns vad du har gjort tidigare och har därför möjligheten att samla på dig erfarenheter från berättelsen. I ett dataspel innebär det att du blir bättre och bättre på att klara av banan och kan komma längre varje gång du spelar. I filmen *Groundhog Day* händer samma sak.

Den som har spelat ett svårt dataspel känner igen sig i dessa strategier. Efter otaliga misslyckanden ledsnar man helt enkelt på att försöka klara av ett svårt parti i spelet och börjar istället utforska spelet och experimentera. Det ligger i spelarens natur att försöka pressa spelet till max och hitta oväntade lösningar och händelser i dataspelet. Människan är i grunden nyfiken och försöker därför hitta på kreativa sätt att testa de ramar och regler som finns uppsatta, både i det verkliga livet och i dataspelet. Man utforskar kanske spelets periferi för att se om man kan hitta en gräns där spelet geografi tar slut eller så gör man våghalsiga saker för att se om ens karaktär överlever. Phil lyckas nu till slut ta sig ur tidsloopen efter att han förstått att han måste behandla människor i sin närhet på ett bättre sätt, eller för att använda dataspelsterminologi så klarar han av banan efter att ha samlat ihop alla pusselbitar som behövs för att fortsätta till nästa nivå i spelet.

Den amerikanska författaren Richard A. Lupoffs novell *12:01 PM* från 1973 brukar lyftas fram som en litterär förlaga till filmen *Groundhog day*. I novellen träffar vi direktören Myron Castleman som arbetar i New York. Myron har hamnat i en tidsloop och återupplever samma timme om och om igen. Det är bara Myron som vet vad som händer i berättelsen. De övriga personerna startar om som om ingenting har hänt. Myron försöker förgäves bryta tidsloopen men inte ens när han får en hjärtattack och dör lyckas han bryta tidsloopen utan timmen börjar om från början igen. Handlingen är på så sätt identisk med *Groundhog Day* även om den inte kan anses vara unik eftersom i princip alla dataspel bygger på samma idé om att huvudpersonen befinner sig i en tidsloop där hela handlingen återupprepas tills spelaren lyckas lista ut hur man kommer vidare i spelet.

En annan film som använder det repetitiva berättandet är *Source Code* (2011). I den här filmen består tidsloopen bara av åtta minuter. Soldaten Colter Stevens (Jake Gyllenhaal) vaknar upp på ett pendeltåg och när han ser sig själv i spegeln är han läraren Sean Fentress. Det visar sig att Stevens ingår i ett militärt experiment där han har möjlighet att spela rollen av en annan människa i en alternativ tidslinje. Hans uppdrag är att försöka lokalisera en bomb ombord på pendeltåget innan den sprängs och därmed förhindra att en smutsig bomb exploderar i Chicagos centrum längre fram i tiden. Historien skulle kunna vara som hämtad från ett dataspel. Du spelar rollen som X som har i uppdrag att hitta en bomb ombord på ett pendeltåg. Du har åtta minuter på dig och misslyckas måste du börja om från början. Stevens dör åtskilliga gånger i sina försök att lokalisera bomben och avslöja bombmannens identitet. Men precis som i *Groundhog Day* så minns han var som hänt varje gång sceneriet återstartas och kan därmed använda sina kunskaper för att lägga pusselbit till pusselbit för att lösa problemet. Det kommer förstås stunder då Stevens ledsnar på sitt uppdrag, då allt känns omöjligt, och då provar han alternativa sätt som att hoppa av tåget eller försöka varna myndigheterna för vad som ska hända, men det slutar alltid med att hela berättelsen börjar om eftersom det inte är rätt sätt för att lösa problemet. Även i den här filmen lyckas Stevens till slut med sitt uppdrag och huvudpersonen kan på så sätt fortsätta till nästa nivå i berättelsen.

Den senaste filmen som inspirerats av dataspelens berättarteknik är *Edge of Tomorrow* (2014) där soldaten Cage (Tom Cruise) av misstag hamnar i ett scenario som liknar en science fiction version av D-dagen. De allierade trupperna landstiger i Normande i ett avgörande slag mot en utomjordisk armé. Den otränade Cage dör redan på stranden men lyckas komma i kontakt med kroppsvätskan från en speciell form av rymdvarelse som gör att han hamnar i en tidsloop och tvingas återuppleva invasionen om och om igen. Han förstår snart att de utomjordiska varelsernas är sammankopplade i ett stort nätverk där det finns en modervarelse som har möjlighet att kontrollera tiden och som han måste hitta och förstöra för att rädda världen från undergång. För att lyckas med detta måste han inte bara överleva invasionen på stranden utan dessutom ta sig vidare och hitta modervarelsen. Frågan är om någon film tidigare varit så likt ett dataspel i sin berättarteknik som *Edge of Tomorrow*?

Cage är från början helt otränad, precis som en spelare som ska börja spela ett helt nytt dataspel. Det finns dock en speciell träningssimulator på militärbasen där han har möjlighet att förbättra sin skicklighet så han kan överleva längre på stranden vid landsättningen. I många av dagens krigsspel finns också speciella träningsbanor där du som spelare kan förbereda dig för uppdraget och förbättra din skicklighet. Genom att delta i samma strid om och om igen lär sig Cage dessutom hur han ska agera för att ta sig från stranden och vidare i sitt uppdrag. Det är nu väldigt svårt att lyckas och Cage tvingas återuppleva samma dag hundratals gånger vilket i längden blir ganska frusterande. Så precis som i de andra refererade filmerna leder det till att huvudpersonen ibland gör något helt oväntat. En dag sticker Cage till exempel från militärbasen och sätter sig på en pub och dricker öl men han återvänder sedan envist till stranden och tar sig bit för bit framåt i handlingen. Under tiden samlar han ledtrådar för att kunna nå den svåraste nivån i berättelsen, det som man inom dataspels narratologi kallar boss-fight, det vill säga den del av spelet där du möter den största skurken i en avgörande slutstrid. Naturligtvis lyckas Cage till slut med sitt uppdrag och jorden är räddad.

Svårigheten med att använda den här typen av berättarteknik i filmer är att hålla intresset vid liv hos tittaren. Det är ju trots allt samma historia som återberättas med olika variationer. Nu slipper man förstås se hela berättelsen om och om igen. När det repetitiva känslan har satt sig hos tittaren brukar handlingen komprimeras och filmen hoppar allt längre fram i berättelsen så man får en känsla av att handlingen närmar sig slutet istället för att hela tiden starta om. Filmer inspirerade av dataspelens berättarteknik kommer nu knappast att ha någon större framtid inom filmvärlden, utom i enstaka fall som de ovan nämnda. Det beror på att filmerna saknar en viktig beståndsdel och det är den interaktiva delen. Det vi får se är helt enkelt ett urval av alternativa berättelser som en regissör valt ut. Det finns ingen frihet för betraktaren att själv påverka handlingen eller att utforska filmvärlden. Vad som händer på filmduken går inte att påverka utan det blir trots allt samma film oavsett hur många gånger du ser den. Det är bara för huvudpersonen i filmen som det verkar som om att det finns olika alternativ att välja mellan. För dig som tittare är det dock alltid samma historia.

Den stora skillnaden mellan en film och ett dataspel är att ett dataspel består av en ram med ett regelverk som skapar stor frihet för spelaren i jämförelse med de fastlagda berättarstrukturerna som finns i ett traditionellt medium som film. Skillnaden är också att det är du som är huvudperson i dataspelet och inte någon tredje person som du ser på filmduken. Det blir därför svårt för en film att skapa samma känsla av variation och frihet som finns i ett dataspel utan att utformas som ett dataspel. Den stora skillnaden i berättarstrukturen är också en förklaring till att de flesta dataspel som man försökt göra film av har floppat. Filmen blir väldigt platt och snäv i jämförelse med dataspelet ursprungliga berättarvariationer. Det finns helt enkelt en grundläggande skillnad i berättartekniken som inte går att överföra mellan dataspel och film. Däremot inte sagt att filmer inte kan inspireras och lära sig en del av dataspelen berättarteknik. *Groundhog day, Source Code* och *Edge of Tomorrow* är tre exempel på filmer som försökt att återskapa misslyckandets berättarteknik som utgör själva grunden för dataspelens berättarstruktur.

Konststaden Graz – bland rymdskepp och ljussvärd

År 2003 landade ett rymdskepp i staden Graz i Österrike. Den svarta organiska farkosten slog sig till ro mellan husen vid floden Mur. På natten kommunicerade den med stadens innevånare genom att signalera med sina lampor i olika abstrakta mönster. Lamporna får mig att tänka på Steven Spielbergs film *Närkontakt av tredje graden* från 1977 när man försöker skapa kontakt med utomjordingarna genom ljussignaler eller helikoptern i filmen *Independence Day* (1996) som välkomnar besökarna från rymden med ljussignaler i operation Welcome Wagon. Till skillnad från besökarna i *Independence Day* är det dock vänliga varelser som landat i Graz. *The Friendly Alien* kallar arkitekterna Colin Fournier och Peter Cook Kunsthaus Graz som byggdes i samband med det Europeiska kulturhuvudstadsåret 2003.

Även invändigt påminner byggnaden om ett rymdskepp. De långa rulltrapporna som leder in i moderskeppet känns som om det är något som man sett i en SF-film. Och för somliga är kanske samtidskonsten som visas i konsthallen lika mycket Science Fiction och märklig som rymdvarelser. Även om byggnaden har en spännande och exotisk arkitektur så måste den sätta en del griller i huvudet på kuratorerna. Är man van att jobba i en vit kub så är Kunsthaus Graz en utmaning. Det är lätt att arkitekturen tar över helt och de konstnärliga uttrycken drunknar i den speciella interiören.

Under mitt besök visar man på andra våningen (det som kallas Space02) den amerikanska konstnären Terry Winters som jobbar med stora abstrakta målningar som inspirerats av naturens mönster. Utställningen som bär namnet *The Painters's Cabinet* anspelar på bland annat kuriosa kabinett och andra samlingar där vetenskap och konst möts. Bland utställningens tavlor finns inlånat material från Graz Naturhistoriska museum med fossiler, djur och andra föremål som skapar en dialog mellan Winters abstrakta mönster och de mönster som vi kan hitta i naturen. Winters utställning fungerar bra i Space02 även om man måste bygga upp nya rum med väggar eftersom konsthallens innerväggar inte går att använda för att hänga konst på.

Tar man nästa långa rulltrappa kommer man upp till våning tre som kallas Space01. Här möts man av en ännu mer futuristisk interiör som vid första besöket riskerar att tar allt fokus från utställningen. Även om utställningen *Bittersüsse Transformation* med tre kvinnliga konstnärer är spännande så försvinner många av konstverken i den stora rymden med de organiska väggarna klädda med svarta metallnät. De stora öppningarna i taken belysta med runda lysrör drar blickarna till sig och som en nattfjäril som lockas av lampan dras blicken omedvetet mot ljusinsläppen. Kateřina Vincourovás späda skulpturer med fotsteg som stiger högre och högre upp mot taket är graciösa men konsthallens spektakulära rymd slukar nästan installationen. Tidigare år har man haft utställningar med Katharina Grosse och Sol LeWitt, konstnärer som fyllt denna rymd med stora monumentala skulpturer vilket nog fungerar bättre. Ett besök på "nålen" ska man också hinna med. "Nålen" är en lång glaskorridor som hänger utanför byggnaden och där man har en fantastisk utsikt över floden och staden. För att fortsätta metaforen med rymdskepp så blir "nålen" konsthallens kommandobrygga och man får lust att utbrista: "Warp speed, Mister Sulu."

Det finns många konstmuseer och konsthallar runt om i världen med spektakulär arkitektur som Arken utanför Köpenhamn, Guggenheim i Bilbao och Denver Art Museum bara för att nämna några. I Graz sticker konsthallen ut lite extra eftersom resten av staden har en ganska konservativ arkitektur. Centrum domineras av den medeltida stadskärnan och byggnader från 1800-talet. Eftersom delar av staden ligger på UNESCO:s världsarvslista så är utrymmet begränsat vad man kan göra när det gäller nybyggnationer och förändringar. Konsthallen byggdes på en parkeringsplats som var omgiven av sekelskifteshus som ingick i en bevarandeplan och som därför måste integreras i byggplanerna. Det finns inte så många exempel på spännande och samtida arkitektur i Graz centrum så därför blir konsthallens arkitektur något extra unikt som lockar besökare och turister.

Helt ensam med sin unika arkitektur är konsthallen nu inte. För i floden Mur utanför konsthallen ligger *Murinsel*. En konstgjord ö skapad av den amerikanska konstnären Vito Acconci också för det europeiska kulturhuvudstadsåret 2003. *Murinsel* påminner lite om Pekings nationalstadion som designades av den kinesiska konstnären WeiWei till OS 2008. Bägge påminner om fågelbon, Murelinsel är förstås mycket mindre där det ligger och guppar i den strida strömmen. Två broar förankrar ön i stranden och gör att man kan gå över floden via ön. Tanken var att ön bara skulle finnas tillfälligt under kulturhuvudstadsåret men har blivit kvar och fungerar nu som ett café.

Den offentliga konsten i Graz är precis som arkitekturen ganska traditionell och domineras av äldre skulpturer och monument. Några verk av nyare datum sticker dock ut från mängden. *Stadskärnan* är namnet på en bronsskulptur av konstnärerna Anne och Peter Knoll. Den består av en persikakärna på ett podium och är inte bara en konkret fruktkärna utan även en markering av stadens stadskärna, det vill säga stadens centrum, som konstnärerna mätte upp i ett projekt 2012. I stadsparken hittar man bredvid en traditionell rund fontän med vattensprutande mytologiska skulpturer den ungerska konstnären Serge Spitzer konstverk *Der Nagel* (1985) (spiken). Skulpturen består av en flera meter hög rostig spik som slagits ner i marken och skapar med sin närvaro lite obalans i den övrigt anlagda parkens perfekta symmetri.

En annan skulptur som sticker ut och vars namn ger lite Star Wars känsla är konstnären Hartmut Skerbisch skulptur *Lichtschwert* (1994) (ljussvärdet). Skulpturen står utanför operahuset i Graz som byggdes 1899 i nybarock stil och precis som Spitzer spik bryter skulpturen av mot det gamla. Det är svårt att inte associera till *Frihetsgudinnan* vid New Yorks hamninlopp när man ser skulpturen. *Lichtschwert* består av ett 54 meter högt stålskelett (Frihetsgudinnan är 46 meter utan sockel) men istället för en fackla håller Skerbischs staty ett ljussvärd i ena handen och istället för en bok en jordglob i den andra.

Ett annat offentligt verk som knyter an till temat konst och vetenskap är ett tillfälligt verk av den amerikanska konstnären Joseph Kosuth. Man hittar det lite undangömt på innergården till Universalmuseum Joanneum där bland annat Naturhistoriska museet är beläget. Det var härifrån som Terry Winters lånade fossilerna till sin utställning på Kunsthaus Graz. Kosuths verk heter *Nicht im vorliegenden Sachverhalt* och består av neonljusord med citat från Johannes Kepler, These XL, 'Von den gesicherten Grundlagen der Astrologie' (1602). Det var 1594 som Kepler började arbeta som matematikprofessor i Graz och här skriver han sitt första astronomiarbete men 1599 tvingas han lämna staden på grund av religiösa oroligheter. Kepler astronomiska studier av vårt universum passar bra som en bakgrund till Graz konsthalls utomjordiska arkitektur.

Även om innerstaden i Graz inte bjuder på så många samtida skulpturer eller installationer så kan man få sitt lystmäte tillfredsställt ungefär sju kilometer söder om Graz. Här ligger nämligen den österrikiska skulpturparken som invigdes 2003 och som idag består av sju hektar med runt 60 skulpturer gjorda av samtida konstnärer. Nancy Rubins skulptur *Airplane Parts and Hills* från 2003 är en av skulpturerna i parken. Den passar in i sammanhanget eftersom de sammanfogade flygplansdelarna påminner om en satellit som utforskar rymden eller kanske ännu en utomjordisk farkost som landat i Graz.

Surfare, The Terminator och ett klockspel

Utanför mitt hotellfönster forsar floden Mur. Vattnet är brunt och strömt. Ovanligt strömt för årstiden får jag höra. De senaste dagarnas kraftiga skyfall har fått floden att stiga. När jag går över ärkehertig Johans bro klibbar kläderna mot kroppen av den fuktiga värmen. Bron är precis som många andra europeiska broar kantad med kärlekstörstande människors hänglås. En grupp människor lutar sig intresserad över broräcket och tittar ner på strömmen. Jag ser att det hänger långa rep från bron och i slutet av repet står en ung man och surfar i den kraftiga strömmen.

Det är mycket folk i rörelse den här kvällen. Många cyklar, går eller är ute och springer trots värmen. Graz är Österrikes andra största stad och det är också en ung stad. Staden växer genom inflyttning från landsbygden och universitet lockar unga människor till staden. På andra sidan bron ligger den gamla staden som är listad på UNESCO:s världsarvslista och över staden dominera Slottsberget med sin långa historia. Legenden säger att det var Djävulen som placerade berget mitt i staden medan en mer vetenskaplig tolkning är att för flera miljoner år sedan var Graz en stor sjö och det mesta av bergen runt omkring nöttes ner av vågorna utan Slottsberget som bestod av hård dolomit.

Idag är berget en prunkande grön oas men så har det inte alltid varit. Precis som många andra viktiga historiska städer har Graz varit kraftigt befäst genom historien. Själva ortsnamnet Graz härstammar från det sloveniska ordet

Gradec som betyder det lilla slottet. Redan för 900 år sedan började man bygga en befästning uppe på berget som under åren växte och utvidgades och gjorde staden nästan ointaglig. Eftersom fienden kunde gömma sig och söka skydd bakom träd och buskar togs all växtlighet bort på berget så det under långa perioder var helt kalt. Den första som lyckades erövra Slottsberget var Napoleon som därefter lät beordra att hela anläggningen skulle rivas. Sedan dess har grönskan återerövrat berget.

Du når bergets topp genom att gå upp för de branta trapporna som byggdes av ryska krigsfångar under första världskriget. Den snabbaste vägen har bara 260 trappsteg men det finns flera olika stigar som slingrar sig upp längs bergets sidor. En bra grundkondition hjälper för den som vill ta trapporna upp för berget, men lugn det finns också enklare vägar. Antingen tar du hissen eller bergsbanan till toppen. Det är inte bara på utsidan som det finns uthuggna vägar utan även bergets insida är fylld av gångar. Det finns en stor tunnel som går rakt genom berget och som är öppen för allmänheten. I den stora tunneln skymtar men sidtunnlarna som är en del av ett nätverk av 6 kilometer tunnlar som byggdes ut under andra världskriget. Tunnlarna användes som skyddsrum men är idag till stor del avstängda för allmänheten. Det finns dock en nattklubb i berget och ett sagotåg för barn. Under färden med tåget genom några av bergets tunnlar får man ta del av berömda sagor av bröderna Grimm och H.C. Andersen.

Stora delar av den militären befästningen revs men ortsborna lyckade rädda klocktornet uppe på berget genom att betala en lösensumma. Klocktornet hade inte bara som funktion av att berätta vad klockan var utan här stod också stadens brandvakt. Vi brand kunde han larma med en klocka och genom flaggor visa var det någonstans i staden det brann. Genom staden löper gränder rakt ner till floden Mur som fungerade som brandgator där man kunde bilda lagningskedjor med vatten från floden till brandhärden.

En annan sevärdhet uppe på berget är den Turkiska brunnen. Under en belägring av slottet var vatten en avgörande faktor för att överleva. Förutom att samla regnvatten i stora reservoarer grävdes på 1550-talet, när staden hotades av det ottomanska riket, en 94 meter djup brunn, för att försäkra vattentillgången. När du tittar ner i mörkret är det svårt att förstå hur djup den är. Om du har med dig en vattenflaska och häller ut vattnet och väntar, och väntar och väntar, så kommer du höra ekot av vattnet som träffar botten och då inse hur djup brunnen egentligen är.

Efter att berget avmilitariserades har det funnits flera olika idéer vad man ska göra med det. På stadsmuseet i Graz visas modeller av några av förslagen och historiken kring bergets anläggningar. Idag är Slottsberget ett populärt turistmål men också en kulturell arena. Här finns Kasematten som fungerar som en utomhusscen där man spelar allt från opera till Death Metal. Ett par kaféer och restauranger finns också på toppen som dragit nytta av bergets fantastiska utsikt över Graz.

Att Graz historiskt varit en viktig militärort är vapenmuseet Landeszeughaus nere i staden ett bevis på. Jag skulle nu inte riktigt kalla det ett museum, det påminner mer om ett lager i fyra våningar packat med krigsmaterial. Man skulle kunna skicka in tusen man i huset som sedan skulle kunna ställa upp sig på gatan utanför redo för strid, utrustade med rustningar, gevär, svärd, spjut och hillebards. Det är en imponerande samling även om man kunde önska en hel del av den pedagogiska och visuella presentationen av samlingen.

Till skillnad från andra städer har Graz en riktig stadskärna. Den består av en persikakärna i brons som befinner sig i stadens absoluta mitt. Det är konstnärerna Anne och Peter Knoll som står bakom detta annorlunda koncept att gestalta stadens stadskärna. Som av händelse ligger en annan av Graz sevärda attraktioner runt hörnet. En tvillingspiraltrappa som byggdes på 1500-talet. Trappan är gjord i sengotiks stil och är ett vackert och unikt hantverk väl värt ett besök. Inte långt från spiraltrappan hittar man också Graz domkyrka där du på utsidan kan se ett fragment av en gotisk fresk föreställande de tre plågor som drabbade staden under 1400-talet. Målningen föreställer pest, gräshoppor och de osmanska soldaternas härjningar. Bredvid domkyrkan ligger sedan mausoleet över kejsaren Ferdinand den andra.

Längs stadens shoppinggata hittar du det kända varuhuset Kastner & Öhler som grundades 1873 och som under åren framgångsrikt expanderat så det idag tar det upp ett helt kvarter. Byggnaden har nyligen renoverats och återfått sin forna lyxiga glans med förgyllda detaljer. Varuhuset ritades ursprungligen av de kända arkitekterna Fellner och Helmer och när det invigdes 1913 var det Österrikes största. Arkitekterna var väl kända och deras specialitet var att bygga opera- och teaterbyggnader. Fellner och Helmer har bland annat skapat operahuset i Graz, Prag, Berlin och på många andra platser i Europa. Och visst finns det ett släktskap mellan varuhusets interiör och operans salong. Varuhusets våningar med öppningar in mot torget i mitten är en plats där man kan se och beskådas av de andra besökarna, precis som på teatern.

En annan affärsinnehavare som satt sina spår i Graz är vinhandlaren Gottfried Maurer som öppnade en butik i slutet av 1800-talet på det som idag kallas Glockenspielplatz. För att locka kunderna till sin butik installerade han ett klockspel i fastigheten. Vinaffären finns inte kvar men klockspelet drar fortfarande människor till platsen vilket restaurangerna runt omkring drar nytta av. Idag kan man höra klockspelet tre gånger per dag. Det består av tre melodier och när fasadens fönster öppnas ser du en man och en kvinna som dansar i öppningen. Mannen som är klädd i traditionella lederhosen lyfter sitt glas och skålar med åskådaren eller den tidens potentiella kunder för att locka dem att komma in och köpa något i butiken.

Det mesta i Graz ligger inom gångavstånd. Undantaget är slottet Eggenberg som ligger en bit utanför stadskärnan. Vill man ha en rejäl promenad så kan man gå från Kunsthaus Graz som ligger mitt emot Slottsberget på andra sidan av floden Mur och rakt ut till slottets Eggenberg. Man ska dock hålla koll på klockan som man inte kommer fram precis när de stänger. Det hände mig, men slottsparken var ännu öppen så promenaden var inte helt förgäves. I den lummiga slottsparken kan man bland annat se påfåglar som strosar omkring. Ett alternativ, för den som vill komma fram i tid, är att ta spårvagnen ut till Eggenberg. Slottet byggdes på 1600-talet och här finns det gamla konstgalleriet, myntkabinettet och ett arkeologiskt museum. Du kan även följa med någon av de guidade visningarna för att ta del av slottets praktfulla interiörer i barockstil.

Graz är en lagom stor stad. Det finns ett rikt utbud av kultur och konst. Två-tre dagar räcker för att hinna se det mesta och man behöver inte trängas med många turister eller köa i timmar för att komma in på museerna som i många andra storstäder. Man kan gå till de flesta av sevärdheterna och det finns gott om bra matställen och caféer där man kan ladda batterierna. Graz har rykte om sig att vara en kulinarisk pärla i Österrike och med bara 30 minuters flygresa från Wien är det ett bra alternativ till huvudstaden.

Jag kan bara citera en av Graz berömdheter om mitt besök i staden:" I'll be back!" Terminatorn och tidigare guvernören i Kalifornien alias Arnold Schwarzenegger föddes i byn Thal några kilometer från Graz centrum. Idag är hans barndomshus ett museum men det sägs att Schwarzenegger liksom Fantomen ibland lämnar Hollywood och går på Graz gator som en vanlig man.

Dansprocessionen i Echternach

Från min plats vid uteserveringen vid torget hör jag de första takterna av musiken och snart dyker dansprocessionen upp bakom kröken. Dansarna är klädda i vit överdel och svarta byxor. De är uppställda i rader om fem och håller vita näsdukar mellan varandra. Ett steg åt höger och ett steg åt vänster. Steg som vem som helst kan lära sig. Så tystnar musiken och dansen upphör, men det blir bara en kort paus innan nästa musikorkester och nya dansare tar vid. I år är det 42 grupper från Luxemburg, Tyskland och Nederländerna som deltar i vårens stora höjdpunkt i Echternach. Den drygt en kilometer långa dansprocessionen som börjar vid stadens katedral och som sedan slingrar sig längs gatorna tillbaka till startpunkten.

Solen skiner ner från en klarblå himmel på uteserveringen. Det är nästan som en guds försyn. Dagen innan har det varit grått och blåst kallt. Staden har verkat folktom och nästan öde. Nu är det däremot full rörelse på torget där jag sitter. Det är en helgdag, skolorna är stängda och människor har rest från hela Luxemburg för att komma hem och delta i dansprocessionen. Man passar samtidigt på att träffa släktingar och vänner. Fönstren är öppna runt torget, den luxemburgiska flaggan har hängts ut och människor lutar sig ut mot fönsterkarmen för att se bättre. Hela staden vibrerar i en stor folkfest. Är man inte med processionen eller står bredvid och tittar på sitter man på uteerveringarna skrattar, hälsar på gamla bekanta, och tittar på processionen som ringlar förbi på gatorna runt torget.

Innan dansarna dök upp har en stor skara med präster, bedjare och pilgrimer gått i täten. Stadens frivilliga brandkår med sina skinande silverhjälmar och högtidsdräkter har passerat bärande på den förgyllda statyn av St. Willibrord. Helgonet som är anledningen till att nästan 10000 människor deltar i dagens dansprocession och ett par tusen står bredvid och tittar på.

Dansprocessionen i Echternach går tillbaka till 1000-talet och anse var den sista traditionella katolska dansprocessionen som finns kvar i Europa. Det är också anledningen till att man finner den uppsatt på UNESCO:s kulturarvslista sedan 2010. Det första säkra beviset på att dans har förekommit i Echternacht finns från 1500-talet. Ursprunget är oklart, om det rör sig om en hednisk kvarleva eller som en mer fantasieggande teori berättar: Att innevånarna blev förgiftade av bröd och de drabbades av kramper som liknade dans och för att bota sjukdomen tänkte man fördriva det onda med ont och började dansa. Den långa danstraditionen i Echternach har egentligen bara avbrutits två gånger. Den ena gången var under 1700-talet då den förbjöds av kyrkan som ansåg den som hednisk och den andra gången var under andra världskriget då de ockuperande tyskarna förbjöd den. Traditionen levde dock kvar och utövades i hemlighet. Fram till franska evolutionen var det bara män som deltog i dansen och som svensk besökare reagerar jag på att alla kyrkliga företrädare är män från korgossar till ärkebiskopar, ända undantaget är nunnorna. Desto mer jämställt är det i dans- och orkesterleden. Vem som helst som besöker staden är välkommen att vara med i processionen. Näsdukar finns att köpa i souvenirbodarna, dansstegen är lätta att lära sig och sedan är de bara att fylla på något led bland de grupper av oorganiserade pilgrimer som går i slutet av processionen.

I katedralens krypta hittar man St. Willibrords grav som alla dansare passerar och vördar innan de avslutar processionen. Musikorkestern följer nu inte ner kryptan, det hade blivit för trångt och för hög ljudvolym där nere, istället stannar de kvar upp vid koret och fortsätter att spela. St. Willibrords föddes 658 och grundade kyrkan i Echternacht. Strax efter hans död 739 började man hedra honom och efter några decennier börjar han omnämns som ett helgon vars grav verkade ha en helande effekt. Pilgrimer vallfärdade till kyrkan och så småningom utvecklades en processionen med dansinslag.

Det är en mäktig känsla när man på eftermiddagen står på torget framför katedralen. Kyrkklockorna ringer och dånar och tusentals människor har redan samlats i olika grupper beroende på var i processionen de ska gå. När högmässan är avslutad defilerar en strid ström av präster, biskopar och ärkebiskopar ut från kyrka och ställer upp sig på trappan. Nervositeten sprider sig på torget, sorlet ökar och alla gör sig redo för att börja, men först ska ärkebiskopen hälsar alla ditresta pilgrimer och biskopar välkomna. Så stämmer den första orkestern upp den enkla melodin och den första dansgruppen börjar röra på sig. Årets dansprocession i Echternach kan börja.

Dansprocessionen i Echternach äger bara rum en gång på året, men för den som kommer till staden de andra dagarna under året så finns det möjlighet att besöka katedralen, St. Willibrords grav, ett museum om klostret och ett besökscentrum i kyrkan med dokumentation om processionen. Längs ena kortväggen i besökscentrat finns en stor målning av den franska konstnären Lucien Simon som målades 1937 till den Luxemburgska paviljongen under världsutställningen i Paris. I förgrunden går ärkebiskopen med sin kräkla och gyllene dräkt följt at de svart-vit klädda dansarna med sina näsdukar. Högt över dansarnas huvud ser man ett rött standar med St. Willibrord.

Förutom sin dansprocession är Echternach känd som Luxemburgs äldsta stad. Staden ligger också pittoreskt vid den tyska gränsen i ett område som heter Müllerthal eftersom man en gång i tiden gjorde kvarnhjul här. Området har också fått namnet lilla Schweiz och lockar många turister som vill vandra och cykla i de natursköna områden som har många leder och stiger genom skogen med spännande klippformationer och små byar längs vägen, men en dag som denna har de flesta lagt vandringskängorna på hyllan och ställt cykeln i garaget, för att fira St. Willibrord och följa processionen antingen på plats eller via TV och radio.

The family of man i Clervaux, Luxemburg

På slottsgården i Clervaux står en amerikansk pansarvagn från andra världskriget parkerad. Clervaux ligger pittoreskt i en trång dalgång i Ardennerna i norra Luxemburg och var under andra världskriget skådeplatsen för Ardenneoffensiven då amerikanska soldater vinter 1944/45 befriade Luxemburg från tyskarna. Slottet i Clervaux hyser nu inte bara ett litet museum kring denna historiska händelse utan också en fotoutställning som hör till en av de mest besökta och berömda i hela världen och som har ett budskap om fred och gemenskap.

The family of man skapades 1955 av Edward Steichen som då arbetade för MOMA i New York. Det var en utställning med 503 bilder av 273 fotografer. I utställningen hittar men en hel del kända namn som Robert Capa, Henri-Cartier Bresson, Irving Penn, Dorothe Lange och svensken Lennart Nilsson, men större delen består av mindre kända fotografer från runt om i världen. Det var snarare motivet som var viktigt i sammansättningen av utställningen än fotografens namn.

Utställningen turnerade i över 150 länder (1957 var den i Stockholm) och under turnén sågs den av runt 10 miljoner människor innan den slutligen fick sin permanenta utställningsplats på slottet i Clervaux i Luxemburg. Utställningen anses så betydelsefull och viktig att den sedan 2003 finns med på UNESCO:s världsminneslista.

Edward Steichen föddes i Luxemburg men familjen flyttade redan när han var ett år till USA där han växte upp och utbildade sig till fotograf. Under första och andra världskriget tjänstgjorde hand som krigsfotograf och de var dessa erfarenheter och upplevelser som gjorde att han beslutade sig för att skapa utställningen The Family of Man som ett fredsprojekt. Den skulle fungera som en motvikt mot allt det hemska som hade drabbat världen under världskrigen. I utställningen är det främst känslor som fotografierna försöker förmedla om kärlek, familjen, arbetet, religion fram till död och sorg.

Mellan krigen etablerade sig Steichen som en känd fotograf i USA och arbetade för modetidningar som Vouge och Vanity Fair. Förutom modefotograf blev Steichen känd för att porträttera kändisar. Han har avbildat både Charlie Chaplin och Greta Garbo. Mellan 1947 och 1952 var han chef för fotografiavdelningen på MOMA i New York och det var då utställningen The Family of Man skapades.

Utställningen The family of man är uppbyggd tematiskt och kronologiskt, från födelse till döden. De svartvita fotografierna varvas med olika citat på väggarna från Bibeln, Platon och Shakespear. I Clervaux visas den enda originalutställningen som finns kvar. Åren av turnerande har slitit på verken och under 1.5 år var utställningen stängd för restoration samtidigt som man passade på att bygga om lokalerna i slottet så de uppfyller dagens krav på klimat och säkerhet. År 2013 öppnades utställningen igen för publiken. Tyvärr är inte utställningen komplett. 13 av originalverken saknas och ett litet foto av Steichen föreställande hans mamma är en kopia då originalet blivit stulet någon gång längs vägen. Men i övrigt är det samma utställning som turnerade runt om i världen. Det finns förstås en till avvikelse. Mot slutet av utställningen finns ett stort fotografi som visar en atombombssprängning. Fotot var ursprungligen i färg vid premiärvisningen 1955 men efter att besökarna tyckt att de var en vacker bild med sina röd, gula, vita toner så beslöt man sig för att göra den svart-vit och mer skrämmande.

Även om fotoutställningen till största del lyfter fram det positiva som vi har gemensamt och förenar oss människor runt om i världen så finns det även ett mörkt stråk i utställningen. Mot slutet möter vi fotografier av krig, ghetton och döda soldater, men det är bara en tillfällig svacka innan besökaren återigen vänder mot det ljusa och en framtid fylld av hopp. Utställningen avslutas med ett positivt foto av en liten pojke och en flicka som vandrar på en stig i en mörk skog mot en ljusöppning i träden.

I Luxemburg hittar man även en annan utställning som Steichen kurerade under sin tid på MOMA och som fått stor betydelse inom fotokonsten. I mitten av juli kommer utställningen *The Bitter Years* åter att öppnas för publiken i vattentornet i Dudelange efter att ha restaurerats. Under den amerikanska depressionen 1935 till 1943 reste ett antal fotografer runt i USA och dokumenterade hur den ekonomiska krisen drabbade människor med arbetslöshet och hemlöshet som följd. Idag är det ikoniska fotografer som medverkade i projektet: Walker Evans, Arthur Rothstein och Dorothea Lange. Langes fotografi av *Migrant Mother, Nipomo, Kalifornien* (1936) är hennes mest kända bild och den bild som också blivit synonym med hela fotoprojektet om depressionen. (Fotot ingår även i utställningen *The family of man.*) På bilden ser man den 32-åriga sjubarnsmamman Florence Owens Thompson som uppgivet blickar bort medan två av hennes barn borrar ner sina huvuden i hennes kropp. Även *The Bitter Years* turnerade runt om i USA och i Europa och Steichen hade önskemål att även den här utställningen skulle får en permanent plats i Luxemburg vilket den också har fått.

www.ingramcontent.com/pod-product-compliance
Lightning Source LLC
Chambersburg PA
CBHW020439220526
45464CB00002B/765